POWER 錕的
大人學

不吃苦，哪來實力！
臺大最狂教授的14堂叢林生存課

李錫錕——著

第二章

負能量的Power 089

❤ 第三章 無所不在的Power 139

♠特別企畫　Power點點名Q&A　185

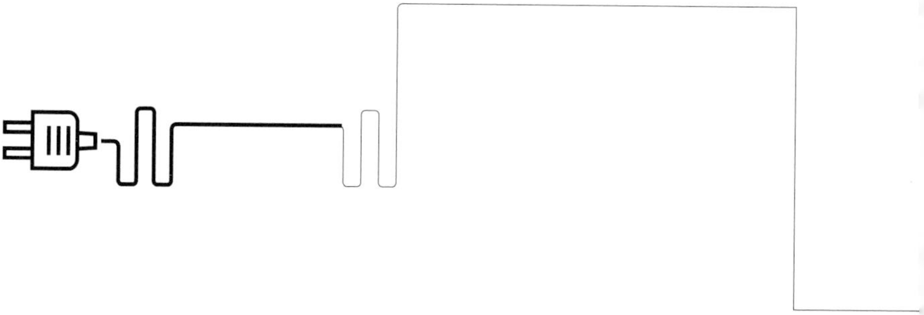

【前言】

李錫錕的 Power 學

「公平正義」一直是近代世界各國的熱門話題，百年來更是「世紀性主題」，表示所有的問題最後都會跟公平正義相關。

公平正義到底是不學而會的本能，還是要學習才會的知識？如果是本能，爲何需要大思想家如柏拉圖、蘇格拉底、康德，一直到近代約翰・羅爾斯等人喋喋不休地爭辯？

我想先從一個十二歲學童的奇特經驗講起，他的名字叫李錫錕，就是我。

一九五九年，我是個國小六年級學生，擔任班長。當時學校運動場全是泥巴地，只有旁邊一小塊地鋪了水泥，大部分時候是供老師們打網球使用。某一天中午，因爲陰雨剛停，運動場滿地泥濘，無法使用，所以我帶了班上約二十位同學到水泥地打躲避球。突然幾聲哨響，一位年輕老師帶著十幾名學生叱喝我們離開，因爲他要帶他的學生打球。被驅趕到泥巴地以後，忿忿不平的我提議，讓大家撿拾地上的小石頭，靜靜地走到水泥球場周圍，等我喊出一、二、三，大家便同時向那位老師丟擲石頭。一瞬間，那位老師抱頭彎腰，狼狽不堪。同學們一看闖了大禍，拔腿一哄而散，我也乘機回家吃中飯。到了下午，我很天眞地回到學校，才發現原來我早就被查出是「暴動」的主謀，班導師鐵青著臉，當著校長、那位年輕老師，以及全班同學面前，叫我伸出雙手平放，用木板條痛打二十多下。事後我雙手浮腫，整整一個星期無法寫字。

我被打的時候，全班氣氛凝重，鴉雀無聲。然後我突然發現，平常偷偷喜歡的那個女生竟然淚流滿面，瞬間我幾乎忘記疼痛，產生一種「爲她受苦，苦而無怨」的快樂……而當時我才十二歲，實在不明白自己爲何起來「抗暴」，被痛打之後，甚至也質疑過這麼做是否眞的大逆不道，我一直壓抑這份記憶，要自己忘掉這個不愉快的經驗。我實在不了解自己當時的心情，只知道同學們幹聲連連，而我膽大衝動，於是帶頭造反。我知道我被痛打的理由是對師長不敬，但是我眞的錯了嗎？每每回憶此事，我總感到困惑。

這個困惑直到當完兵、到美國留學，接觸了歐美文化之後，我才清楚了解：原來公平正義是人的天生本能，只不過往往被後天的文化習慣所掩蓋或扭曲，導致我們不但喪失了對公平正義的判斷力，甚至因爲膽怯、懦弱而忍受不公不義，導致個人或國家社會受到壓迫與傷害時，也沒有起身反抗。

我的美國教授聽到我的抗暴經歷，大加讚揚，說我的行爲完全合乎「美國革命的精神」，期末成績給我A^{+}。留學給我的收穫，除了學位之外，最重要的是，我終於從文藝復興之後的歐美文化中，學習到一個普世眞理：自由民主、公平正義是人類的直覺，但是這個直覺必須透過「努力奮鬥」才能實現。而歐美文化的核心價值不僅僅是肯定這個價值，還提供了實踐的方法，那就是奮鬥（struggle）！如同人類飢餓時想吃東西是直覺，但是學習如何覓食，才是解決飢餓的根本之道。

按此邏輯，人類對於幸福快樂的夢想，如果沒有轉換成「事實」，就不是夢想，只是幻想而已。所以多年來，我建立了一個「爲追求夢想所苦，爲實現夢想而奮鬥，爲夢想成眞而享受優越的快樂」的3S生命力方程式：Suffer→Struggle→Superiority。我以這3S自勉，並透過教學與學生共勉，這也是本書要表達的理念。

感謝我的學生李芸樺和她的夥伴們（芋泥、泡菜、Sun、熊吉、維大力），是他們創立了「Power 錕的紙牌屋」，並且協助我將裡面的演講內容轉化成書。謹以本書與讀者共勉：讓我們個人與國家社會的美夢，都能夠透過吃苦、奮鬥，繼而達到優越的快樂境界。

I

第一章

政治哲學四大天王的Power

I

Power 從哪裡來？

——一切都從「自我意識」開始！

當人類生命的外在條件一切歸零，從頭開始反而是一種潛力無窮的富裕狀態。爲什麼呢？因爲我們擁有其他動物所沒有的、內在豐富的回憶與優越感！上帝也許唾棄我們，教會已經無力保護我們，但我們還有「自己」啊！基於這個覺悟，思想家與科學家，才終於擺脫傳統的文化束縛，回到「以人爲本」的基調來思考一切。

人類在幾十萬年的歷史後，經過了部落文化、農業文化，以及戰爭文化的洗禮，讓我們有了文明。從衣服、工具、科技發展……生活越來越便利，生存越來越容易，人類很自豪地自以爲是「萬物之靈」。表面上看來似乎如此，事實上，我們是否應該如此自鳴得意呢？物理定律指出，任何力都要付出代價，那個代價被稱爲熵（entropy）。古人也說，凡是一得必有一失，失就是得的代價。

生物學上，生物之所以爲生物，牠和物理化學的粒子最大的區別是：生物有一個抽象的「意識」在驅動牠的肉體行動，拉丁文稱這個意識爲「motus anima」，我們翻譯爲「靈魂駕馭肉體行動」或「精神的推力」。「anima」這個字後來演進成爲英文的「動物」（animal），最重要的部分其實就是「anima」，也就是靈魂的力量。

靈魂的Power，行動的Power

靈魂的複雜性與困難度在於，它能單獨存在嗎？如果能，那麼動物根本不需要靈魂也能自己移動，一顆石頭也應該能自己移動，可是我們都知道那是不可能的。靈魂不能被看見，不代表它不在。而且，一旦生物死了，剩下的只是由碳、氧、氮、磷、氫、硫等有機化學粒子所組成的屍體。可見，生命最寶貴、最核心的 Power 不是有機的肉體，而是看不見，但是和肉體合而為一、驅使肉體行動的靈魂的 Power。

我們常常說「人生以服務為目的」，其實是錯的，應該改為「人生以快樂為目的」，服務只是一種手段，我們以服務為手段，達到快樂的目的。而快樂是什麼？是一股看不見、聞不到、但是絕對存在的 fu，這就是靈魂的 Power！

我們祖先在原始的叢林中為日常生活「打拚」，幾天才能打一隻獵物、幾天才能編織一個籃子、幾天才能製作一支標槍……實在沒有多少時間去思索「我快樂嗎？」「我庸庸碌碌有何目的？」這類「靈魂」層次的問題。直到一萬年前地球上冰河解凍、氣候溫和，萬物欣欣向榮，全球人口在短短一千年內從十三萬人增為六百萬人，人類從此進入「豐饒」的階段，這就是農業文化。農業這個字的英文是「agriculture」，由「agri」（土地）和「culture」（文化）組成，意思是利用土地的 Power 所產生出來的文化，又稱土地文化。在這種情境下，人類的生活改善了，隱藏在深處的另一種生命力──抽象的靈魂力──也被釋放出來了。我們祖先的生命力由建構複雜的管理食衣住行等物質條件的生活機制（如國家體制、法律制度……），發展到經營喜怒哀樂等精神條件的信仰機制（如宗教）。他們使用圍欄、引誘、哄騙等技術把野生動物訓練成可供飼養的家畜，再延伸到把散漫而桀驁不馴的野蠻人訓練成可供統治的良民，於是國家力量誕生，文明力量大放異彩！

宗教，是政治服務

但人到底不是動物，動物被馴服後（其實也只限於少數幾種），永遠不會造反而重返野獸狀態，可是人即使被法律規範或高壓統治，成爲良民，卻仍隨時可能造反。統治者設計一套「如何讓他們不想造反」的機制，成爲宗教信仰原始的目的。叔本華把宗教信仰和「訓練動物的藝術」連結在一起，清楚說明了宗教能提供的「政治服務」遠大於「精神安慰」。有趣的問題是，**所有宗教的核心價值幾乎都大同小異，就是增進人的快樂。幾千年來，這個目的有達到嗎**？農業文化的宗教，例如佛教，強調人的不快樂起於貪求欲望，如果捨棄欲望，人就會快樂。可是人之所以爲人，就是因爲欲望的推力才使文明出現，人有可能「捨棄」欲望嗎？戰爭文化如基督教，強調人追求欲望是天經地義的事，但是如果不信耶和華神，不聽祂的話、不服從祂的戒律，不但欲望不能被滿足，還會災禍臨門……把這種大帽子扣在人身上，人會眞正快樂嗎？總而言之，宗教的核心價值用心良苦，但很顯然充其量只能「舒緩」痛苦，無法「增進」快樂，換言之，止痛藥的功能大於維他命。

普通常識告訴我們：身體的病痛不是原因，而是身體某些器官出現功能異常，異常才是原因，病痛只是結果。一個人如果把止痛藥當成解決病痛的萬靈丹，不去了解病痛的原因，身體就只會每況愈下。宗教一旦被政府當成統治工具，光是維持國家社會的穩定，還算是足夠的，但是要解決危機、促進發展，需要的是活潑的生命力，此時政府或宗教權威當局就力不從心了。十四、十五世紀的歐洲正是面臨這種困境。一個前所未有的大災難發生了，本來應該是死亡、詛咒、毀滅，最終反而翻轉成人類革命性的改變命運的契機，那就是黑死病。

黑死病爆發的期間大概是從西元一三三四年起，直到一四四四年左右，整整超過一百年！你能想像那種感覺嗎？那就像是從你出生直到老死，整個人生都籠罩在死亡的陰影中。整個歐洲死了多少人呢？保守估計當時有一．八億人口，這一百年間驟降到一．二億。換句話說，有將近三分之一的人口死於黑死病！這情境或許一時很難想像，換個方式說，就是你身邊朋友或是你的家人，每三個就有一個會死於這場災難；班上十個同學，沒幾天就少了三個，期末也不用來考試，因爲教授也死了，連醫院都空了，因爲醫生也死了！黑死病的患者是不分階級的，當時最有權勢、最有錢的人同樣難逃一死，所以你就可以理解剩下三分之二活著的人，他們面對那種徹底的恐懼與絕望，對於生命逝去的感受之激烈，是前所未有的。

大家只知道西方世界的主流宗教信仰是基督教，但可能不了解在中古歐洲時代，教會對於社會的控制力、影響力有多大。例如孩子出生必須受洗，人死亡時，必須接受祝福才得以安息。當宗教對於生老病死的控制走這種極致的地步，就可以想見當時的神職人員擁有多麼至高無上的權力，自然也就享盡了榮華富貴。當時西方的農業技術不像東方如此發達，但是人口眾多，糧食缺乏，土地也不夠肥沃，然而，宗教領袖和政府官員卻是腦滿腸肥，餐餐美酒佳餚。宗教與政治掛勾之後，形成一種統治的共犯結構，掌握了整個中古歐洲社會。黑死病一來，當初那些號稱能治病的、能賜福的、耀武揚威的統治者，反而自身難保，死傷慘重，說不定是好逸惡勞，導致他們身體免疫力較差也有關係。在這種極端的狀況之下，倖存者面對權威和信仰的崩毀，他們要相信什麼？該相信什麼？在這種不停的靈魂探索的壓力下，人類能不變聰明、不開始去思考創造，那才奇怪呢！

當信仰歸零，「自我」才開始產生

黑死病讓歐洲人幾乎損失了一切，但物極必反，有志之士開始反思。舉例來說，就好像你平常用的手機公司倒閉、維修站關門，當手機壞掉了的時候，該怎麼辦？基督教徒當初獻上生命去捍衛的信仰（指十字軍東征）一旦令人質疑，信徒的茫然是可以想像的。沒有信仰等於沒有生命，難道要自殺嗎？但自殺並不是人類天生的本能，人總是想要活下去的；想要活下去，但卻沒有了信仰，怎麼辦？那就只好創造一個！幸好在那個時代，或者在每個時代，總有一些對於腐敗的當權派有所質疑的知識分子，透過不斷地思考，重新尋找生命的意義，這個想法漸漸形成了一個運動，被稱爲再生革新運動，或稱Renaissance，俗稱文藝復興。這個名詞其實不是當時蓄意稱呼，而是後來的人追思的結果，覺得恩同再造，才取了這個名字。但是文藝「復興」的復興二字，我頗不以爲然，因爲它根本沒有體現 Renaissance 的意義，Renaissance 的英文意思就是Re-birth，也就是「再創造」，再次誕生的新人、新事物，根本不能等同於恢復原狀意涵的復興！它純粹就是指生命的再生，意指昨天的我已經死去了，反而接近佛教的「再生」（reincarnation）。

這些思想家發現，當人類生命的外在條件一切歸零，從頭開始反而是一種潛力無窮的富裕狀態。爲什麼呢？因爲我們擁有其他動物所沒有的、內在豐富的回憶與優越感！上帝也許唾棄我們，教會已經無力保護我們，但我們還有「自己」啊！基於這個覺悟，思想家與科學家，才終於擺脫傳統的文化束縛，回到「以人爲本」的基調來思考一切。原本在宗教鋪天蓋地的呵護之下，人幾乎沒有、也不必去了解自己本身到底是什麼、有什麼，人已經習慣依賴外在的便利工具，一旦脫光衣服，照著鏡子，看看自己，自問「我是什麼？」的時候，結果答案卻是「不知道」「什麼都不是」。思想家悲哀地發現：我們被神主宰、被工具主宰、被榮華富貴所主宰，最後我們全身上下裡裡外外都變成不折不扣的奴隸，人類早已被物化（objectified）！所以我們怎麼可以嘲笑那些打敗仗被奴役、被主人鞭打的奴隸呢？我們更可憐啊！被鞭打的奴隸會記住自己是奴隸，一有機會就想逃跑。我們呢？我們明明是奴隸，心靈被鞭打、肉體被主宰，居然還洋洋得意！這就是 Renaissance 在思想上最大的突破，就是恢復自我，拒絕再當奴隸！我們當然不想做肉體的奴隸，但是我們更要擺脫思想上的奴隸。擺脫對舊思想的依賴是「除舊」，光除舊是不夠的，還要「布新」，因爲若沒有新東西取代舊東西，就不是革新再生。Renaissance 最大的意義就是建立新思維，替人類創造了新的命運。

接下來我將要跟各位介紹從文藝復興以後，最重要的政治哲學四大天王，分別是笛卡兒、康德、黑格爾、尼采，他們都分別是那個時代的先驅者，代表新的文化，被稱之爲「主觀文化」（Subjective Culture）。主觀文化最重要的核心價值就是自我，以自我爲中心出發，來了解我們生命的價值，由自己作主，來支配我們的環境。在這個革新再生運動中，有一個人開了最重要的第一槍，那個人就是笛卡兒。

笛卡兒——政治哲學四大天王之首

宗教是訓練動物的藝術的最高境界，因爲它訓練的對象是人，它訓練人如何思考。

——叔本華，德國哲學家

Religion is the masterpiece of the art of animal training, for it trains people as to how they shall think.

——Arthur Schopenhauer

二元論，人類意志的開始

笛卡兒（1596—1650）是法國數學家，在數學上極有成就，但其實絕大部分的人都忽略他在數學方面的貢獻，只知道他在哲學上對後人的啓發，因此被尊稱爲「現代科學之父」。爲什麼呢？他不像牛頓、愛因斯坦一樣發現了重大的定理，但是他奠定了科學探究的思維與方法學，進而把科學轉換成科技的基礎，亦即提供了一個讓人類進步的基礎。笛卡兒之前，多數歐洲人相信人類是上帝造的，所以我們要飲水思源，歌頌上帝。這個說法其實直至今日都還是很有說服力，例如說我今天走路時，突然一顆石頭掉下來砸到我，爲什麼只有我被砸到？唯一的解釋就是上帝創造了我，也可以把我收走，這種說法要說服人，實在是太容易了。同樣都是坐飛機，爲什麼我坐一百次就沒事，他坐第一次就空難？一般人的結論是：因爲你的生命是上帝給你的，不是你自己的，所以你要服從上帝的意旨，來避免這個不幸發生。生命有靈魂與肉體，上帝好像用了強力膠把這兩個東西黏住，這就是我們的生命！我們知道在那個時代、甚至到今天，靈魂不屬於我們自己的這件事，仍然有許多人都深信不疑。結果笛**卡兒提出了「靈魂肉體分開的二元論」，可謂震驚了整個歐洲**。

最後，笛卡兒被法國驅逐出境，終身不得還鄉。他一直在比利時、丹麥流浪，最後是丹麥女王聘請他當皇室顧問，他才能定居丹麥。請問，他犯了什麼罪？就是他的「二元論」觸怒了當時的教會與執政當局。笛卡兒認爲上帝確實存在，關於這一點，他並不否認。人類的靈魂與肉體是上帝給的，這一點，他也不否認。但是他認爲，人一旦有了生命，上帝就讓我們的靈魂自由自主，也就是說，人的靈魂或精神是獨立於肉體之外的，就算是上帝所給予，也還是屬於我們自己！笛卡兒認爲**肉體是可以分割的，但是靈魂不能分割**。他舉了個例子，當人因爲意外受傷或生病而截肢，只要處理得當，一個人還是活得下去，但一旦靈魂被抽走，就不再是個人！既然靈魂不能分割，上帝也不能抽走我們部分的靈魂的話，結論就會變成：要麼你擁有自己全部的靈魂，要麼你的靈魂全部被上帝帶走，不會有所謂切割成幾分之幾的問題。換句話說，我們活著，當然擁有自己的靈魂，那不屬於上帝！而這就是笛卡兒所提出的「二元論」最不被教會諒解之處，也是開啓 Renaissance 走向人本主義大門的第一步。

有思考的自由，才有創造力

笛卡兒提出二元論之後，被迫流亡海外，在荷蘭、比利時、英國、北歐等地避難。笛卡兒的主張之所以引起基督教（當時天主教是主流，後來才有新教）的憤怒，原因並不在於他直接攻擊上帝與教會，而在於他理論中隱藏的訊息：**人的靈魂是自由的，因此，信仰的選擇也是自由的**！人的行爲本來受制於內在的精神，所以，如果精神是自由的，那麼，行爲也因爲精神自由而必須是自由的。他的名言「我思故我在」明白指出：外在的事實之所以存在，源自於內在的我認爲它存在。由此看來，上帝並不是客觀存在的事實，只是主觀認定的詮釋而已。換言之，我思故我在，意即我思上帝存在，上帝才存在；萬一我懷疑上帝的存在，那麼我只是懷疑論者，不應被指控爲異端者而下地獄。在笛卡兒之前，歐洲人並不是沒有創造力的潛能，而是這份潛能被教會的教條硬是壓抑和禁錮下來了。笛卡兒的二元論與「我思故我在」的宗旨等於鼓勵並認可人類自由創造的能力，從此歐洲人的創造力等於被解放了。也因此，我們就無須驚訝，爲何近五百年來，人類史上的重大發明與發現，都是 Renaissance 地區的奇才異士所爲。

諷刺的是，教會對笛卡兒的譴責是可以理解的，因爲事實證明：人的思維一旦恢復自由，就像前一篇叔本華所言，對於宗教的質疑就生出來了。叔本華把宗教類比爲一種訓練動物的手段，認爲宗教是爲了訓練人類這些「動物」怎麼思想；拿破崙更沒禮貌，他說宗教只是人類發明來阻止窮人謀殺富人的機制而已。他們的看法是否正確，當然見仁見智，但我們可以肯定地說，這就是 Renaissance 影響的結果。

在文藝復興之前，東西方主流文化到底哪個比較優秀呢？很難說。然而，笛卡兒之後，因爲 Renaissance 對歐洲造成思維的衝擊，人心覺醒，越來越多的人選擇「自己掌握自己命運」的信仰，在各行各業自由發揮自我的創造力，形成百家爭鳴、百花齊放的輝煌局勢。這樣的結果是好是壞，也見仁見智，但在人類文明史上，歐洲人從此躍爲主宰者與領頭羊，成爲無法否認的事實，也成就了笛卡兒不朽的地位。

十四世紀 黑死病蔓延全歐洲，教會的權威受到質疑。
上帝啊，祢在哪裡？
上帝之所以存在，是因為我們「想要」祂存在！
光有肉體還不夠，還要有會思考的靈魂！

康德

——主觀文化的首席推手

如果人讓自己成爲一條蟲，就不要抱怨別人總是踩在牠身上行走。

——康德，德國哲學家

If man makes himself a worm, he must not complain when he is trodden on.

——Immanuel Kant

很多歷史現象之所以存在，背後都有重要的原因，但是很少人去提，所以這些現象發生的原因也就沒有被了解。例如，爲什麼美國開國之父華盛頓不想當皇帝？事實上，很多人都問過華盛頓，既然現在美國已經獨立建國，他跟皇帝沒什麼兩樣，歐洲的統治階層都是皇帝，連崇尚自由的拿破崙也想當皇帝，爲什麼他不當皇帝？

以華盛頓當時的地位與聲望，如果想當美國皇帝，幾乎是順理成章的事，因爲他就是美國的國父，誰敢反對？那麼，華盛頓爲什麼不要呢？答案就在於華盛頓周圍的人士，也就是當時美國革命的菁英和骨幹，他們早已接受主觀文化的信仰，尤其是康德的信仰。這群建國菁英認爲，**人生而自由，自己就是自己的主人，只有自己能決定自己的命運**！他們也認爲，上帝形象之所以完美，是因爲我們出於自由意志，「選擇」去相信上帝，上帝完全尊重我們身而爲人的自由自主。

如果以此精神來信仰上帝，我們的核心生命價值就是：每個人都是自由平等的。既然人人都可能當領袖或英雄，那爲什麼還要當皇帝？對當時的美洲新移民而言，他們早已唾棄君權神授那套思維，而是篤信統治權「民授」。雖然仍有許多歐洲人信仰帝制，但是在康德之後，即使皇帝位置還在，也越來越沒有權力。再說，美國是一個沒有歷史包袱的新大陸，一個重新開始的國家，美國人把自己的國家稱爲「自由之地，勇者之地」（Land of The Free, Home of The Brave），人人都是皇帝，那又爲什麼還要多此一舉，擁戴一個皇帝？所以，如果華盛頓眞的有當皇帝的野心，他周圍的革命菁英幹部應該會群起而攻之。

繼笛卡兒之後，康德可說是主觀文化發展最重要的首席推手，他沒料到的貢獻是：塑造了一個新國家（也就是美國）的核心價值信仰。康德爲何被譽爲世界上最偉大的思想家之一？答案是，他的哲學啓發了我們身而爲人，對人類生命力量的了解與發揮，使我們領悟「萬物之靈」的眞諦。康德的哲學被稱爲「超高理性主義」（Transcendentalism），主要可以分成兩部分去詮釋。

「我的心智」就是最大的Power

第一個部分說明什麼是「我」的 Power。在康德之前，笛卡兒提出「我思故我在」，把「我」分成「心智」和「肉體」，認爲「心智」會決定「肉體」的行爲，所以「我」這個人的心智才是生命的主體，肉體只是聽命行事的客體。笛卡兒率先讓「心智」成爲之後眾多思想家們研究的主題，康德則是接棒者，更深入地探討專屬於「我」的心智這個巨大的主題。康德想了解的，不只是大家所熟悉的「我」（I）與「自我」（Self），而是「爲何」我會去思考？如果「行動」是「思考」的結果，那麼「思考」不也是「某種東西」的結果？換言之，「那個東西」才是思考的眞正來源！追根究柢地研究生命力，這就是 Renaissance 的精神，而康德，就是這個精神的代表人物。

在「我」之上的Power

康德認爲，一般對於「我」的詮釋都僅限於那些自身用「經驗」「感知」來取得的，屬於「我單獨擁有」的知識，但是那樣的知識顯然無法解釋很多關於「我」的現象。舉例來說，我們對「死」的知識算是知識嗎？我們都害怕死，我們能「經驗」「感知」死亡嗎？不能！我們最多只有（而且少數人才有）體驗過「接近死亡經驗」，但是絕非眞正的死亡經驗。《淮南子》書中有一段話，大意是：「當我們還沒有被生下來，並不知道生的快樂，而我們現在還沒死，怎麼知道死的不快樂？」換言之，我們怕死，是毫無道理的荒謬！我們怕痛，因爲我們有痛的經驗與感知；但我們怕死，是爲了什麼？

所以康德認爲在我的經驗、感知與知識的背後，還有一個更高或更深層的我在主宰著我，前者是「可被知道的」，後者是「不可被知道的」，是超乎經驗感知的。康德把這個最深層的東西稱爲「物中之物」（thing-in-itself，德文ding-an-sich），這才是生命的本質、生命力的起源，或者叫「本體」。

康德在此把「我」區隔爲可知的我，以及不可知的我，前者是我存在的「現象」，後者是我存在的「本體」或「本象」。生命力的奧妙無法用經驗與感知去了解，唯有透過邏輯才能了解它，接受它，就像一個複雜的數學方程式，雖無法憑經驗與感官去了解，但是透過學習，你知道它存在，是眞理。

本體既然只能用邏輯建構才能證明其存在，康德就用了一個邏輯裡常用的驗證方法──「可證僞性」，意即我沒辦法證明一個東西存在，但如果一旦這個東西不存在，我們馬上感受到它的「不可缺性」。舉個例子，有人問：人活著有什麼必要？你可能答不出來，你唯一可能了解活著的必要性的方法，就是發生意外、死裡逃生，接著，你才會知道活著的可貴。或者看著親人死去，我們終於知道生命的可貴，也就是說，生命的價値常常只在生命發生危機的時候才能被凸顯出來。如果有天醫生告訴你，你得了癌症，且只剩三個月能活，你聽到的當下，內心會充滿不想死的怒吼、恐懼與憤怒。結果過了幾天，醫生告訴你，其實那份診斷報告是隔壁床位的病患，你很健康。當你收到這個消息，你會極度歡欣鼓舞。你上下震盪的情緒印證了你不想死的生命本體的存在。

由此可見生命有一個本體，這個本體是不想死的，所以**「本體」的第一個特色就是「不朽」，這也就是「我」那個不想死的本體的動力**。但是，我知道我有一天會死，因此畫了一幅很美的畫、唱了一首很好聽的歌、寫了一本有流傳價值的書、做了一件人人記住的善事……我知道，就算我死了，他人還是會記得我，如此一來，就等於我沒死。以拿到奧運金牌爲例，最大的快樂往往不是獎金，而是知道會永遠被記得的那種不死的喜悅。我們崇拜一個扭轉國家命運的戰爭英雄，背後的動機是「我」也希望可以和他一樣永垂不朽。

「本體」的第二個特色是「追求完美卓越」。日常生活中，我們看到一個古今中外全都適用的現象：人類喜歡、崇拜的動物幾乎都一樣，例如獅子、老虎、大象、孔雀、老鷹……牠們各自呈現了勇猛美麗的 Power。我不相信兔子會羨慕斑馬的速度，但人卻會羨慕尊敬奧運百米的金牌得主，會崇拜登陸月球火星的太空人……我們在追求什麼？就是完美與卓越！也就是這種發諸本體、不知不覺的本能反應，讓人類社會不約而同出現一個現象：神的崇拜。從部落的圖騰、釋迦牟尼、濕婆、耶穌、穆罕默德到電影明星歌星的粉絲崇拜，其中的共通點就是：祂們是完美與卓越的象徵，人就是會崇拜這樣的象徵。

如果把人傾向於崇拜完美卓越的特質視爲人的本性，康德眼中的人性也就包括了「神性」，類似佛教所說的「人皆有佛性」的概念。記得我小時候看西部牛仔電影以及長大後看〇〇七系列電影，看完從電影院走出來時，總有一種「我就是牛仔，我就是詹姆士．龐德」的自我感覺良好心態，當我讀了康德的本體論，才終於恍然大悟。

由此可見，只要是人，便會追求完美卓越。更重要的是，完美卓越是一種抽象的境界，是無止境的夢想，所以人不論達到何種成就，一定會覺得不滿意，想要再更上層樓。「知足常樂」這句話雖然可能是很多人的座右銘，但康德一定對它嗤之以鼻。

日常生活的狀況顯示：**知足常樂只是對貪婪過度的人的一種善意警告，但絕非眞理**。例如班上第一名的同學，老師稱讚他，同學崇拜或嫉妒他，還有人對他示愛……你眞的相信他會快樂嗎？會的，但是非常短暫。沒多久，他一定會開始反思：拿到班上第一名，眞的就這麼完美嗎？全校幾十個班，也就有幾十個第一名，我比他們更強嗎？恐懼感與焦慮會馬上出現，這便是康德所謂的本體特性在作祟。

所以，再完美的人，也不可能永遠停留在滿足的狀態，他永遠都會希望自己更完美。很多喜歡沉醉在完美的喜悅以及被推崇和禮遇的人，以爲只要享受到權力，就可以忘記自己還渴望更上層樓的恐懼及焦慮，其實是有苦說不出的。所以如果你問那些有錢人，那些活在雲端的上層階級，他們快樂嗎？我可以告訴你，他們一點都不快樂！一個有一百億的人，他看到的世界反而大部分都不是正面的：第一，他總覺得錢不夠多，要兩百億才更安全；第二，他會覺得「富」沒有保障，還要「貴」才行。於是他開始想競選民意代表或行政首長，因爲他相信，唯有富加貴才是百分百安全。我們常常看到當官的想要變得更有錢而貪汙，有錢人想當官而從政，這就是康德的完美觀念被扭曲的表象。

「本體」的第三個特色是對自由的追求。（這是分類方便，沒有優先順序之別，也可以把第三列爲第一。）按照康德的「可證僞性」，自由的存在是無法證明的，只能以「不自由毋寧死」的反證，來說明自由的價值。很多成年男女都有被熱心長輩介紹伴侶的經驗，當事人幾乎都有一種很矛盾的情緒：如果成功了，總覺得有一種被擺布的鬱卒，一種「我爲什麼沒有能力自己找到一見鍾情的對象」的遺憾；如果婚姻失敗了，更容易怪罪長輩當初過度熱心，怨恨自己當初爲何面對趕鴨子上架的壓力而不做抵抗。事實上，多數成年男女似乎已經「預期」這種長輩介入戀愛所產生的「不自由」，寧可選擇更有自主權的擇偶方式。

再舉一個例子，就是香港人面對英國殖民地統治與回歸中國的心結。當初英國政府很有技巧地使用「挖空你的腦子，塞飽你的肚子」的政策，讓香港人自由自在地賺錢，「忘記」他們只是白人統治之下的二等公民，在這一百年來，算是非常成功的殖民地統治。然而，我們不要忘記，儘管英國人在香港是高高在上地控制著華人，但英國本身到底是道地的民主國家，香港人是可以選擇（雖然很困難）歸化爲英國人，所以康德的本體特質在香港還不容易顯現。過了一九九七年之後，就不一樣了，因爲中國的體制像烏雲似地籠罩著香港，香港人終於知道自己的悲哀，如今他們喜歡移民到臺灣，不是因爲臺灣的物質享受比香港還好，而是羨慕臺灣人是自由的！人唯有失去了最寶貴的東西，才會知道它很寶貴。如果我們認同康德的說法，就會知道要善待自己的身體，因爲沒有了健康，待我們領悟生命的可貴，便已爲時太晚。所以若是珍惜自由民主體制，便要勇敢地去捍衛它，以免失去自由的時候，後悔莫及。

自由是爭取來的，不是天上掉下來的

知識就是力量，它有三個 Power：一是描述，二是分析，三是預測。康德的「超高理性主義」被公認爲史上最偉大的知識之一，**我們受惠最深的，就是它的「預測」Power，換言之，這是我們對生命現象的「預防性措施」**。例如我們預知了「不完美不卓越」的必然性，我們何不善用生命力「力求」完美卓越？我們預知「子欲養而親不在」的悔恨，爲何不在親人還在的時候孝順他們？我們明知「不想死」的必然恐懼，爲何不努力維持身體的健康？我們預知「不自由毋寧死」的痛苦下場，爲何不奮力衝破威脅或傷害自由的桎梏？

康德有一句名言：「如果人讓自己成爲一條蟲，就不要抱怨別人總是踩在牠身上行走。」他的意思是，如果一個人、一個群體、一個國家沒有本體的知識，被其他族群或國家欺侮而淪爲不自由的客體，就不能責怪那個侵犯自己自由的人太鴨霸，應該責怪自己對自由的不珍惜與不抵抗，因爲這種對生命力本質的無知才是人類被奴役的罪魁禍首。

最後，康德提到了「道德」。有別於東方人談道德，總令人想到道貌岸然的老學究教訓學生「你們要有禮義廉恥四維八德……」等陳腔濫調，西方如希臘時代的哲學家亞里斯多德等人早就把道德與知識合而爲一，認爲道德是知識的一部分。換言之，道德不是「應然」（what it should be）問題，而是「實然」（what it is）問題。康德的道德也屬於這個範疇，是與「超高理性」（也就是本體）系統不可分離的結構。對康德而言，如果生命力是一種包含永久存在（即不死）、無所不能（即卓越）與自由自在（即自由）的偉大能源，那麼這個能源必須經過開發、轉換成爲動力，這也是政治學上能源（energy source）與動力（Power）兩個概念的差異。一般講的道德其實是一種可以選擇的「偏好」，例如我選擇用搶劫銀行的方式賺錢，這是不道德的行爲（先不談違法），問題是，有少數人搶劫銀行，後來居然成功逃過法律的制裁，也沒有證據證明劫匪一定會良心不安。這和基督教中談到魔鬼撒旦的信徒是不道德的，是類似的事情，撒旦並不強迫人去信他，信撒旦仍然是一種選擇。

反之，康德的道德是不能選擇的，具有一種「絕對的」「無條件的」「沒有選擇餘地的」不可避免性，他稱之爲「定然律令」（categorical imperative）或「道德命令」（moral imperative）。對康德而言，如果人的生命是一部汽車，那應該是地球上最有力、最完美、最耐開的汽車，如同最頂級的法拉利。法拉利可以衝到時速四百公里，但是這種速度的操控系統就是「絕對的不可避免性」，是一部具有高度危險性的動力系統，稍一不愼，即可能車毀人亡。康德認爲道德就是這個操控系統，目的不是要抑制汽車的Power，而是要讓汽車發揮最大功能，該快就可以快，該慢就可以慢，達到完美的境界。我們知道德國的高速公路是不限制行車速度的，而這何嘗不是受到康德道德概念的影響呢？

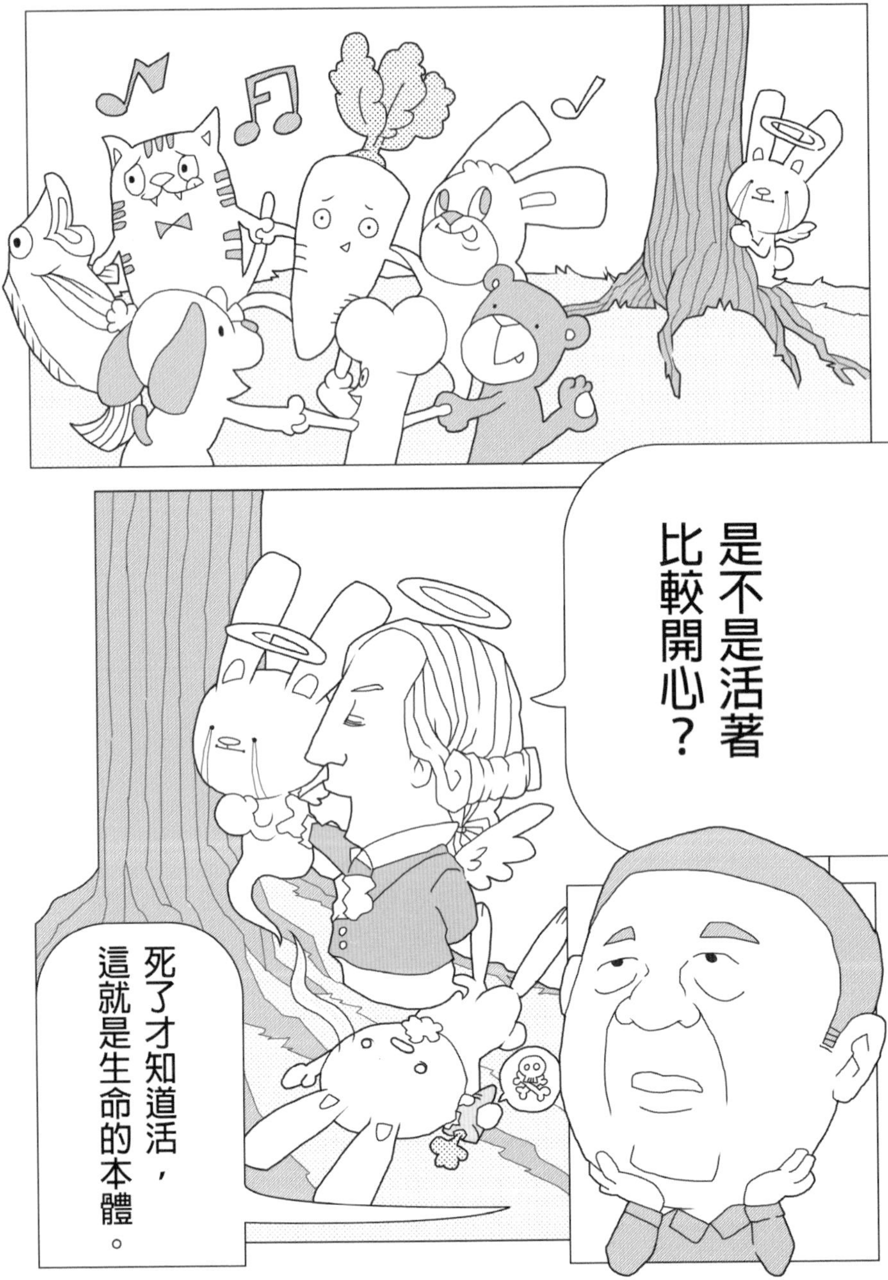
是不是活著比較開心？
死了才知道活，這就是生命的本體。

黑格爾

——人類靈魂力量的啟發者

排中律：一個東西只能是A，或者不是A，沒有第三選項。任何東西都有內在的矛盾……矛盾是一切動力和生命力的根源；任何東西，只要內部含有一個矛盾，就能夠移動，就有一種衝力和活動。

——黑格爾《邏輯學》

Law of the excluded middle: Something is either A or not A, there is no third. Everything is inherently contradictory... Contradiction is the root of all movement and vitality; it is only in so far as something has a contradiction within it that it moves, has an urge and activity.

——Hegel's *Science of Logic*

黑格爾的偉大，遠超出一般人的了解與想像，在此簡單說明：假設他是一個父親，我們可以說，在他的思想底下，誕生了一對雙胞胎，一個是右派的尼采，另一個是左派的馬克思。十九世紀，右派思想影響了歐洲當時相對開明、勇敢且力求改革的上層階級，也就是貴族階級，而貴族階級結合了黑格爾和尼采的思想，將之化為行動，轉變成後來的帝國主義，促使歐洲經濟起飛、科技發達、產業革命……然後，才一步一步走到今天；另一個雙胞胎馬克思則是同情下層階級，也就是工人和窮人。他號召下層階級，鼓動他們造反，對抗貴族階級的壓迫，亦即所謂的左派。如果要問歐洲十九世紀以後的發展為何如此亮眼，答案很簡單：就是因為左派和右派的鬥爭之中，展現出生命力的擴張！詳言之，就是緊張（tension）→意圖（intention）→爭奪（contention）→擴張（extension）的過程。左右兩派的競爭形成一種不穩定的恐怖平衡：右派進步，左派就會更進步；右派看到左派進步，自己也加快腳步。這樣無止境的「軍備競賽」，使雙方同時擴張，這就是競爭的奧妙。

列寧的啓發者

當初馬克思提出階級鬥爭理論，俄國的列寧就全心擁抱馬克思的思想，努力研究階級鬥爭。然而鬥爭了老半天，結果卻讓列寧很失望，因爲工農階級就像沉睡的獅子，怎麼也叫不醒。受到挫折的列寧在一九一五年做了兩件事情：第一件事是考慮移民瑞士；第二件事是努力找尋突破方法。列寧發現，自己就算了解階級鬥爭理論，卻不了解「人性」的Power。無論屬於何種階級，當事人都是「人」；列寧相信階級衝突是存在的，但是俄國工農階級的教育程度太低，面對統治階級的Power，心態上完全是自卑、恐懼、悲觀的，根本不相信革命有成功的希望。列寧領悟了一件事，亦即革命的核心問題是帶頭的菁英分子必須有超出常人（尤其是對下層階級）的知識，也就是：**對生命力的了解，與實踐的知識**！由於缺乏這種知識，列寧發現自己並不能責怪革命同志的挫折感，因爲連他本人也有挫折感，連自己都心灰意懶，想要移民瑞士，更何況他的同志？更別說是普羅大眾了！於是「如何使自己成爲不屈不撓的革命鬥士？」這件事就成了列寧研究黑格爾的動機，換言之，要革敵人的命，就要先壯大自己，讓自己「革新再生」！之後，列寧躲在瑞士日內瓦的圖書館研究黑格爾，被黑格爾的矛盾論啓發，豁然開朗，到了一九一七年，俄國終於革命成功。因此，列寧說：「沒有黑格爾，就沒有俄國革命！」他對黑格爾懷有如此高的評價與感謝，是因爲對他而言，黑格爾的思想便是人類靈魂力量的啓發者。

黑格爾沒想到的是，他所持學說底下的一左一右雙胞胎，接下來幾乎左右人類三百年來的命運。雙胞胎當然是思想上的比喻，然而到了今天，仍然持續存在：馬克思催生了蘇聯，蘇聯垮臺後還有中共、古巴、北韓；另一邊則是尼采，他根深柢固地影響二十世紀歐洲的資本主義與民主政治，到今天，更儼然成爲世界主流。他爲何如此神通廣大？關鍵就在他把人的生命力來源定位爲「意志力」（will）的活動，由意志力來驅動想法（thinking）與做法（acting）。而黑格爾則把意志力與其實踐區隔爲三個層次：最高是「主觀意志」（Subjective will），代表自由、自主，無限與全方位。其次是「客觀意志」（或稱「標的意志」，Objective will），最後是「客觀事實」（或稱「標的事實」，Objective reality）。

「主觀意志」代表生命力的整體特質，類似康德的「本體」，是不能切割、至高無上的，黑格爾認爲這就是人類的「靈魂」，它代表「尊嚴」與「主權」。由於主觀意志是一種代表無限全方位發展的Power，也是抽象的生命力，所以必須指揮、監督、授權「客觀意志」去實現生命力的需求。「客觀意志」一旦奉主觀意志之命去實現「自由自主無限全方位」的神聖使命，它就必須像皇帝麾下的大將去破除障礙、開疆闢土、永無止境地奮鬥。皇帝只有一位，大將可能戰死沙場，所以可以有無數大將前仆後繼，讓皇帝的統治權越來越大，類似中華文化所說的「普天之下莫非王土，率土之濱莫非王臣」的境界，這個由客觀意志所建立的成就，即被稱爲「客觀事實」。

生命就是無限地擴張

對黑格爾而言，什麼是生命？就是由主觀意志、客觀意志、客觀事實所組成的生物系統。因爲主觀意志是自由自主、無限、全方位的，所以人的生命必須在「整體性」與「目的性」上都被尊重。意思是，身體的每一部分，不論大小內外，都是我們靈魂的勢力範圍，對於身體任何地方的任何侵犯，都等於侵犯我們的靈魂或尊嚴。爲此，我們的靈魂也將下令抵抗。

黑格爾把這種生命整體性的主權觀念往外延伸，擴張到生命之外的客觀環境。由於生命的整體性是無限的、自由的，所以人的生命力具有一種神聖使命，必須無限而自由地對外擴張，這是人的權利，也是義務。從黑格爾的觀點來看，世界上沒有所謂的「客觀環境」，只有「主觀意志」眼中「尚未」延伸擴張的「我」的空間而已。黑格爾這種觀點帶有極大的爭議性，因爲其中隱含的訊息是：**這世界只是人「主觀意志」的空間，只要我強大，我就可以去征服它，統治它！**

事實上，這也是黑格爾（以及後來的尼采）對現代歐美國家（尤其是德國）最深遠的影響所在。黑格爾等於把康德的本體與道德概念吸收，並賦予更強而有力的實踐方法，按照他的理論來看：

第一，在「主觀意志的無限」前提之下，客觀意志必須建立最基本的客觀事實，首先是人格的 Power，第二是財富的 Power，第三是家庭的 Power，第四是公民社會的 Power，最後則是國家的 Power。對他而言，每一個階段的 Power 都代表一個人的主觀意志的實踐，代表自由自主無限全方位的理想的具體化。換言之，每個階段都是被賦予主觀的 Power 的加持。

在這裡，他所強調的「個人的主觀」與多人所組成的、公民社會與國家的「集體的主觀」並不衝突——意思是，我主觀地需要把個人意志延伸到國家；國家是我個人自由被實踐的基本 Power，換言之，國家是實現我的靈魂自由自主無限全方位的「基本工具」。但是國家可能有數千萬人之多，黑格爾認爲，**「每一個國民」都應該主觀地把國家視為個人實現靈魂自由的工具**。對黑格爾而言，國家既是屬於你的，也是屬於他人的，是屬於每個國民的。爲此，每一個國民都有權利與義務爲國家利益打拚，如同我們有權利與義務爲我們的身體利益（如食衣住行的需要）打拚，愛國家和愛我自己，根本上是同一回事：都是滿足我的「主觀生命」的需求。

很多人都覺得「在德國，人人都很愛國」，如果要我說原因何在，我不敢論定德國人確實百分之百都很愛國，但我必須說，他們被黑格爾的學說影響太深，也因此大多數人相信「愛國家」等於「愛自己」。

對他們而言，服從領袖的領導，不管對象是過去的皇帝、元首（特指希特勒），或現代的德國總理，人民都不認爲是被迫服從，而是「驕傲的服從」，這也是爲何傳統德國貴族子弟的首選行業是職業軍人，而軍人是最講究服從的行業。

第二，黑格爾把康德的「道德不可避免性」加以「具體化」為現實的可行性，提出了他最有名的「矛盾統一論」，或稱「辯證發展」。

黑格爾認爲宇宙萬物只有兩種性質：一個是「是」，另一個是「不是」，絕對沒有第三種。任何存在的事物，包括人的存在，都含有同時存在的「是」

與「不是」，換言之，含有矛盾。也因爲這個矛盾，任何事物都是一種「動態的關係」，必然會朝「變化」或「發展」的方向而去。以公式來說，某件事是A，那麼A的內部必然同時存在A^+與A^-，所以$A=A^+A^-$。這個A^+A^-也會同時存在於〔A^+A^-〕$^+$〔A^+A^-〕$^-$，成爲新的【〔A^+A^-〕$^+$〔A^+A^-〕$^-$】事物。

這個A，我們命名爲正，但是A必然同時含有矛盾的A^-，他是否定A的因素，我們命名爲反。舉例來說，如果我們的生命是正，然而我們同時卻也一天一天地老化，老化就是生命的反。由此觀之，任何事物沒有純粹單一的正或反，必定包含著正與反的矛盾。根據這個模式，我們可以建立一個任何人事物的存在的發展過程：

（1）任何事物，我們都可以把它視爲〔正〕，但事實上它的本質是〔正反〕。

（2）這個〔正反〕必然包含一個反〔正反〕，最後產生新的正，這個新的正，事實上是【〔正反〕+反〔正反〕】，我們也把它稱之爲合。

依此類推，這個【〔正反〕+反〔正反〕】又可以被視爲正，然後包含反【〔正反〕+反〔正反〕】，這時候的合就是【〔正反〕+反〔正反〕】+反【〔正反〕+反〔正反〕】……例如「我愛妳」這件事，「愛」必然含有反「愛」的成分，也就是「恨」。恨什麼？恨我可能失去妳，是一種患得患失的焦慮；恨我爲什麼不能有更多的愛；恨我爲什麼不能了解妳更多，因爲我怕妳心中還有「別人」……愛與恨兩種矛盾的感情合而爲一之後，得到的結論是：我要更愛妳！這就是黑格爾的辯證發展過程。

從黑格爾辯證法看東西方國家

近代國家被稱爲「黑格爾概念國家」，主要便是因其強調「主權自由自主」，其次才是領土完整無缺。什麼叫主權？就是主觀意志，就是靈魂，如果一個國家干涉另一個國家的內政，就如同侮辱對方的靈魂一樣，那就是侵略行爲！所以西方國家對國民的教育是：**生命的存在就跟國家的存在一樣，是絕對的自由，絕對的自主獨立，任何人不能限制或侵犯它的全方位發展**。黑格爾是第一個把主權和生命的意義相提並論的人，假設一個人不知道主權的意義，當他身為國家社會的領袖，甚至成了元首，又怎麼會維護國家主權呢？主權的有無，對於黑格爾而言，不是是非問題，而是跟呼吸一樣，是實然，而不是應然問題。

歐美國家的統治階層不但相信康德、黑格爾的思想，而且致力實踐。他們知道傳統貴族（或豪門）的統治權力內在必然包含的矛盾，也就是蓄勢待發的中下階層對於上層階級的怨恨，於是全力發展經濟，包括生產工具的更新，針對就業率與生產力去擴張海外殖民地，再配合軍事力量的運用，終於建立史無前例的經濟帝國主義。

同時，由於經濟起飛，產能大增，也造成了一方面工人被剝削與另一方面資本家財富膨脹的矛盾現象，引起馬克思等左派的不滿，鼓吹工人階級起來反抗。我們知道古今中外，窮人走投無路起而反抗富人的例子不勝枚舉，但中外的差別在於，東方國家的反抗者下場都是失敗，唯一成功改善自己命運的例子，就是歐洲的工人階級。他們善用了黑格爾的矛盾統一邏輯，成功地創造了與資本家討價還價的實力，最終建立了最基本的國家內部的基本共識，然後同心協力「一致對外擴張侵略」，這也未嘗不是一個「暫時的」「成功的」矛盾統一。

黑格爾的想法眞的和東方世界的想法不一樣，不幸的是，當黑氏的想法成爲 Renaissance 之後西方世界的信仰主流，信仰轉換成政治權力，逐漸宰制了東方國家。例如共產主義、明治維新（效法德國），都可以被歸納爲受到黑格爾思維的影響。我們也不得不承認，東西文化的影響力競賽在文藝復興之後，東方文化已經徹底被打敗。

到今天，東方文化仍然執迷於相信世界的本質是和諧的，矛盾只是偶然的、不正常的，甚至是病態的現象。黑格爾正好相反，他認爲**和諧才是不正常，或是偶然的現象；正常現象就是矛盾**。若有人覺得和諧，是因爲矛盾還沒有激烈到爆發，而爆發只是時間問題。按照黑格爾正反合的說法，一正一反會合，兩者統一，統一之後，會有另一股力量來反它，正反合便會不斷持續下去，舊的矛盾被新的矛盾統一，新的矛盾又被更新的矛盾統一，人生所有的變化不過是矛盾統一的累積而已。生命的過程，如同宇宙現象的演化，都是矛盾統一永無止境的辯證發展過程。東方人對戰爭衝突永遠採取排斥與厭惡的態度，因而想辦法忽視它、逃避它；反之，西方的菁英分子則是了解它、接受它，甚至在必要的時候擁抱它。

很多人把生命比喻爲一道光，若是姑且接受這個比喻，物理學家對光的解釋是：光並不是一條線，而是一段一段集合起來，每一段的粒子叫作光子，是可以切割的。只要切割某一段，光就會斷裂。從這個觀點來看的話，什麼叫生命？生命也可以類比爲時間與空間的移動。一小時可以切割成六十分鐘，一分鐘可以切割成六十秒，黑格爾對時間、空間與生命合而爲一提出一個很重要的觀念：**生命不過是一連串的 moment 所組成**。什麼是「moment」？就是時間和肉體（空間）合一的移動，主觀意志（或本體）則是 moment 的統治者或指揮者。我們掌控 moment，就是去「統一」每一個 moment 的矛盾，也就是掌控我們的生命。

馬克思
尼采
繼續打，對抗就是進步的動力！
黑格爾
我們都是在思想的碰撞跟對抗下求進步的！

尼采——集天才與瘋子於一身的命運開創者

你應將和平視爲新戰爭的手段，且愛好短暫的和平勝過長期的和平。對你，我推薦奮鬥勝於推薦單調的工作；對你，我推薦勝利多於推薦和平。讓你的工作變成奮鬥，讓你的和平變成勝利。只有當一個人手懷弓與箭時，他才能坐下靜歇。

——尼采《查拉圖斯特拉如是說》

You should love peace as a means to new wars—and the short peace more than the long. To you I do not recommend work but struggle. To you I do not recommend peace but victory. Let your work be struggle. Let your peace be a victory. One can be silent and sit still only when one has bow and arrow.

—Nietzsche's *Also sprach Zarathustra*

主觀文化關鍵的第四個人物就是尼采。之前的笛卡兒、康德、黑格爾他們各自有不同的觀點，但是都指向同樣的東西，那就是：**如何開發生命力**！我們東方人太迷信命由天定，或是聽天由命，很少人去「挖掘」生命的本質。事實是，人「活著」就是「生命的活動」，這個活動可以分成兩類，一類是生物性的，例如我們吃飯睡覺；另一類是政治性的，就是人跟人之間的互動關係。不論是生物性的或政治性的活動，它都受到腦部功能的指揮，只是聽命行事而已。腦部又如何指揮呢？它是根據一個更高位階的領導機制：意識。意識是一種推力，拉丁文稱爲「**motus anima**」，意思是「精神的推力」，它是我們看不見但感覺得到、也知道它存在的一股力量，宗教界的術語就是「靈魂」。在古代，靈魂是什麼？當然是既神祕，又可怕的龐大主題，誰有能力和膽量去研究？最偷懶的方法就是把它視之爲「老天爺賞賜給我們」的禮物，要我們隨時記得做好人做好事，這就是靈魂的功能！因爲靈魂是神給我們的，顯然神也會在靈魂這個機制上裝置類似現代科技的監視器，監控我們是否違背神意做事，所以臺灣人才有「人在做，天在看」的諺語。

改變人類命運的「主觀文化」

按照古代人「靈魂神授」的邏輯，那麼，人對神的敬畏之心就是天經地義之事。愚鈍的人乖乖地安分守己；聰明的人就會設法去揣摩上意並極力模仿以取悅老天爺，這種心理應該是宗教領袖所共同具有的特質。例如道家認爲人不但要吃得清淡，而且要越吃越少，最後到了「完全不吃」（辟穀）的境界，就能把肉體揚棄，靈魂自然和老天爺合而爲一，變成「神仙」。同理，基督徒認爲上帝既然創造人，給了人肉體和靈魂，等於賦予了人兩個需要：一個是肉體欲望的滿足；另一個是靈魂快樂的需求。只要「聽神的話，遵神的戒律」，人就會得到肉體上的滿足與精神上的愉快。

以上是古今中外人類大致上對「生命」本質詮釋的共同點。我之所以再次強調這一點，原因是：**可見文藝復興的有志之士膽敢挑戰、甚至於推翻這種行諸千年的文化共識，那是多麼需要知識和膽識的壯舉，這也是我們為何如此推崇「主觀文化」的原因！**

按照「主觀文化」，尤其是笛卡兒、康德、黑格爾、尼采等四大天王的思想，靈魂的力量就是意識的力量，而意識的力量最高位階的操縱者是誰？不是天，不是神，而是「自己」（Self）！

不擇手段，就是存在的最高指導法則

主觀文化看字面就知道：假定文化是個信仰，是一套價值觀的體系，它制約了人的情緒和行動，那麼這個「主觀」就是指我們的「主見」，以及我如何以主見去「選擇」我的信仰與「實踐」我的信仰。例如農業文化信仰「土地的Power」，所以強調寬容、慈悲、忍耐、和平的實踐；戰爭文化信仰「勝利的Power」，所以強調勇敢、兇殘、戰爭的實踐。主觀文化則把自己的位置拉高到「超乎戰爭與和平」的高度，形同讓自己扮演「老天爺」的主宰角色。所以從尼采的觀點看生命，**生命的活動只是一場持續不斷地以戰爭與和平為手段的鬥爭（Struggle）而已**。要注意，戰爭與和平只是生命存在的「手段」或

「方法」，絕非存在的「意義」或「目的」。那麼，「目的」到底是什麼？

在過去，人類相信生命是「天賜」「神造」，唯一的奢望是今生「福祿壽」，來生「上天堂」。但那些不能算是目的，只能算是「希望」或「夢想」，不符合我們這裡所說的「手段——目的」的邏輯範疇。按照主觀文化，生命在「我」的掌控之下，有兩個目的、兩個方法。什麼是「我」？康德的「本體」，黑格爾的「主觀意志」，尼采的「權力意志」，都是在界定所謂的「我」跟「自己」，那就是「自由的、自主的、無限的、全方位的」一種存在，這個存在有別於客觀標的「物的存在」（existence），而是主觀的「我的存在」（existentiality）。

那「我」的目的是什麼？有兩個：其一，是生物性的存活；其次，則是主觀文化最重要的核心價值——政治性上的優越（Superiority）或者宰制（Predominance）。爲了這兩個目的，**主觀文化所認可的手段只有四個字「不擇手段」，意思是「靈活運用一切可以達到目的的方法」**。這句話很容易被誤解，可能有人會問：「這不是鼓勵使用不正當手段，例如搶銀行之類致富嗎？」問得好！答案是那不叫不擇手段，那叫亂擇手段！選擇一個最愚鈍的手法，九九．九九％會被警察抓到！不但不能致富，還會有牢獄之災！在這裡，不擇手段的意思是，主觀文化因爲擺脫了傳統的宗教束縛，也擺脫了傳統意義上被宗教扭曲的道德觀念。例如使用暴力爲手段的戰爭一直被宗教嚴格的規範，「正義戰爭」的概念就嚴重妨害了武器科技的研究發展。對主觀文化而言，勝利才是最正義的目的，只要是爲了勝利，什麼手段都是合理的。

尼采的四大論述

尼采生於十九世紀中葉，歐洲的舊思維幾乎遭受法國大革命與拿破崙旋風連根拔起，新思維誕生的震撼可能比十五世紀的文藝復興有過之而無不及，稱之爲「第二次文藝復興」堪稱恰當。尼采和達爾文可以說是這一時期帶動革新再生運動的兩大巨人，他們更是西方新帝國主義的催生者。他們兩個人分別代表二十世紀歐美社會生命力見解的主流，一個是生物性的生命力，稱爲達爾文主義，一個是政治性（人）的生命力，稱爲社會達爾文主義或尼采主義。兩者的共通邏輯是：自由競爭，適者生存！很多人（尤其是學術界）認爲他們的見解早已過時，其實相反，是更多的人接受了，只是不想承認而已。

尼采的信仰體系可以從他的四個主要論述說明：**一是主觀見解（Perspectivism），二是權力意志（Will to Power），三是主人奴隸道德觀（Master and Slave morality），四是超人（Übermensch; Overman）**。

萬事萬物，都是戰爭

「主觀見解」完全承襲笛卡兒「我思故我在」的精神，認為我「看到，聽到，感到」，所以「環境中的人事地物」才存在。世界上沒有絕對的客觀事實，只有相對的「主觀」詮釋。文學家看月亮和科學家看月亮的詮釋不同，「月亮」是個存在的事實，但「什麼是月亮？」永遠是主觀的詮釋。再舉例來說，阿里山有一棵神木倒了，發出轟然巨響，你爲什麼相信？因爲你在附近聽到了聲響。若我人在臺北，沒有聽到，我爲什麼相信？因爲我相信你——這一連串的「相信」，其實都是「主觀的我」的詮釋過程。很多人挑戰尼采的見解，認爲他只是替「自我感覺良好」的偏見合理化，甚至肯定自大狂或偏執狂而已。事實是，二十一世紀的理學家已經肯定了主觀見解的邏輯性，他們用了「生物主觀論」來描述生物看世界的主觀性質。美國科學家藍薩就指出：「我們所感知的外在事實，是一個牽涉到我們內在的主觀意識的過程。」他的名著《生物主觀論》一再指出，**任何事物皆包含「主觀詮釋」和「客觀存在」兩個本質，如同一個銅板必有兩個面**。宇宙的結構「只有透過生物主觀論」才能解釋。藍薩被《美國新聞與世界報導》譽爲可比愛因斯坦的天才科學家，居然以物理學邏輯肯定尼采的哲學，無疑也肯定了尼采主義的效力。

對尼采而言，世界就是一個戰場，所有的生物（包括人）都參加了戰爭。若說人爲萬物之靈，那是因爲人最敢、最愛戰爭，贏得了最大的勝利而已。人贏過了生物，人與人之間也持續爭戰，最後有人贏過了多數人，成爲菁英分子；菁英分子接著爭戰，有些菁英贏過了多數菁英，成爲菁英中的統治者……

總而言之，戰爭就是生命存在的正常現象，和平反而只是戰爭與戰爭之間的休息站而已。所以尼采說，和平只是準備另一個戰爭的手段，人愛和平也不是因爲眞正愛和平，而是愛這個手段可以達到新的戰爭，因此和平越短越好。如果存在的本質就是戰爭，尼采自然把日常活動都視爲戰爭活動，例如吃喝、讀書、運動、上班、郊遊……睡覺的時候，免疫細胞忙著殲滅病毒，腸胃系統忙著消化食物，這一切難道不是戰爭的活動嗎？念書念了老半天，不是爲了就業嗎？就業的戰爭、愛情的戰爭，有什麼不是戰爭呢？尼采的著作百年來不斷重印，他如果眞只是個瘋子，誰要參考他的言論？最近美國《時代雜誌》的封面人物是史提夫．巴農，他是美國總統川普手下的第二號人物，原本是職業軍人，當了十年之後退伍去做生意，後來和川普成爲好友。他就可以被列爲尼采的信徒，《時代雜誌》說他「把每一件事都視爲戰爭」（He sees everything as a war.），例如他把孩子送到一家私立的貴族學校念書，後來發現那個學校都是一群愛哭的膽小鬼，所以決定把小孩轉學到比較好戰的學校。巴農現在是川普的手下大將，以此可以類推川普眼中的世界樣貌，以及他應對世界的方式。

權力意志，就是「贏」的意志！

尼采第二個主要論述是「權力意志」。黑格爾一再強調意志，但他比較傾向抽象的邏輯觀念，尼采則把意志的「本質」與「對象」加以具體說明。什麼是意志？它就如同愛一樣，是一種「推力」，這個推力必須有對象可推，推力的現象才算完備。例如當我們說「我好愛」，接下來油然而生的疑問便是「愛什麼？」答案總不會是：「我好愛沒有！」一定要把愛的「對象」說出來，例如「我好愛你」，這個愛才算完備。

對尼采而言，只要是生命，就會有「意志」。有人會用「認知」或用「意識」來描述生物的抽象性質，文藝復興時期的哲學家喜歡用「意志」這個字，因爲它含有「強烈的鬥爭來達到目的」的意思。叔本華就認爲凡是「美麗」就必然帶有意志的成分，例如當我們說：「啊！天上的雲彩多麼美麗！」我們便已有「我好希望這雲彩繼續存在、供我欣賞」以及「這雲彩比平常的白雲或陰天的烏雲漂亮多了」那種「誰贏誰輸」的鬥爭性質。尼采認爲生物對於生存與繁殖所具有的意志力是絕對強烈的；生存與繁殖就是存在的Power，那就是權力意志！也就是說，**「追求權力」的意志是生物與生俱有的本能，也就是「自然」**。人呢？人不但追求生物性的「生存與繁殖」的權利，更追求政治性的（人與人之間的）「多多益善的優越」的權利。這是一種「貪婪」，好聽一點的說法是「野心」或「志氣」，是藉由後天學習得到的，也就是教育的結果，亦即「文化」。

因爲追求「人與人之間的優越」是一種文化，對尼采而言，文化就像人的食物一樣，我們必須如同選擇「對生命最有幫助」（最營養）的食物一般，努力選擇「對追求優越最有幫助」的文化來信仰。要了解食物的營養價值，我們必須研究食物；要了解文化的優越價值，我們必須了解文化。尼采對人類歷史上每一個階段的文化，基本上並沒有好惡偏見，而是以「是否能夠符合權力意志」，作爲批判與肯定的標準。尼采認爲，人類歷史經過多次重要的文化發展階段之後，有了精緻的文明成就，物質條件進步了，生活程度提高了，但是「生命」品質反而下降。他更發現，現代人比起古代人（尤其是野蠻人）的

「權力意志」更衰弱，已經有「退化」的趨勢，甚至背離了「人」這個物種的本質。歷史經驗指出，幾乎每一個輝煌成熟的文明最後的命運都一樣：被周邊的野蠻民族征服。農業文化的中國被匈奴征服，基督教文化被日耳曼民族征服……原因只有一個：**生命力的外在裝飾品越來越進化，核心的必需品——權力意志卻越來越退化**。尼采爲此質疑：**讓生命力越來越衰落，難道是文明的目的嗎？答案當然是「不是」**！尼采認爲關鍵在於人性的懦弱使每個文化都越來越脫離了「權力意志」的基本精神。誠如人類學家馬林諾斯基所說：「……在所有類型的文明之中，每一個風俗習慣、文物、信仰等，都在滿足某種核心的功能。」該功能一言以蔽之，就是對生命力的肯定與增進，換言之，就是追求權力意志！

很不幸，每個文明的既得利益階級一旦掌握權力之後便逐漸被權力腐化，喪失了當初奪權時候的鬥志，慢慢選擇柔軟、舒適、慈悲，導致生命力外強中乾，不堪一擊，淪爲「野蠻民族」的奴隸。

所以在尼采眼中，歷史上所謂「輝煌燦爛」的文化是令人鄙視的、充滿奴性的，反而不如那些「唯力是圖」的野蠻民族「誠實」與「高貴」！

尼采最被詬病之處不是在於他說得對或不對，而是太過坦白赤裸，令人尷尬。尼采解釋，**權力意志的內涵就是「贏」的意志**，一個把「贏」視爲和生存同樣重要的人，就是超乎常人的高人；只有讓高人領導國家社會，才可能培養贏的文化，國家才會進步繁榮。爲了贏，尼采認爲敵對雙方彼此傷害、支配、剝削、獨占……都是天經地義的事，世上沒有所謂的「正」與「邪」之間的戰爭，只有「輸」與「贏」的戰爭，贏的一方就是「力」，輸的一方就是「劫」。在臺灣，每年有十萬名考生想進大學，尤其夢想進入臺大。請問：如果不是用「權力意志」的心態企圖「殺掉」九萬七千名考生，這三千名如何進入臺大？愛情的角逐也是啊！

挽回不是傻，是為了愛而鬥爭

我家附近有對夫婦，是務農出身，祖先留下了一些田地。本來兩人勤儉過日，倒也相安無事。有一年，突然有建商要跟他們買地蓋房子，先生瞬間有了幾千萬的存款，之後就跑到北投有名的風化區大肆享受了半年，鄰居議論紛紛。夫人眼見老公居然流連溫柔鄉，很不甘心，於是展開了鬥爭。她先到百貨公司買漂亮衣服跟化妝品，試著讓自己變美，她即使已經五十幾歲，仍然不放棄鬥爭，那種力挽狂瀾的精神、留住青春的毅力，讓人欽佩。她雖然教育程度有限，留住先生的方法有限，但是她那種權力意志的野性，不服輸想把老公贏回來的鬥志，讓人欽佩！也就是因爲這樣的權力意志，老太太活到了九十幾歲。曾經有則新聞說，醫院的病患可分兩種，一種是天天無精打采，意志消沉的病人；另一種是怕家屬朋友來探望時自己不體面，所以每天認眞梳妝打扮的病人。很妙的結果是，那些愛化妝打扮、等人來探望的病人，比每天邋遢的病人都更早出院，復原力更強！二十一世紀很流行的腦神經科學證實了我們的想法會改變我們的細胞與荷爾蒙的運作，「心想事成」並非完全幻想。Will to Power 不但是尼采個人的見解，也是腦科學所支持的論點。**意志力強的人，生命力就是比較強**！尼采也提議，國家社會應該用這樣的方式訓練下一代，就像老鷹訓練小鷹飛行一樣，以近乎殘忍無情的方式來刺激人的Will to Power。

讓人喪失生命力的愛，只是一種貶低

我住的社區裡，有個太太常常推著一臺娃娃車散步，那娃娃車很漂亮，上面還有個罩子。令我驚奇的是，有天我才發現，娃娃車上坐著的是一隻很漂亮的狗。狗經過仔細照顧，毛也剪得整整齊齊，每天由主人推車散步（應該是陪她散步）。我們東方人在照顧孩子時，是不是也是這樣？我們的愛糟蹋了那隻動物的天性。狗就是狗，貓就是貓，按物種起源，當初都是叢林裡的野獸，牠們有牠們的Will to Power。人是生物的一種，人也有人的天性，然而我們的愛不但讓孩子喪失了天性，甚至連狗的天性也壓抑了。我相信那位太太養的狗一定比較容易生病，甚至活不長，因爲牠幾乎沒有運動。尼采如果看到這個景象，一定寫一篇文章痛罵，因爲那位太太扼殺了生物之所以爲生物的本性。Will to Power乃生物皆有之，結果人卻貶低它，使生物不成生物，這還像話嗎？

尼采第三個主要論述是主人奴隸道德觀。什麼叫道德？它不只是生活中被遵守的規矩而已，而是生命力展現過程中的自我操控，它是一種「我爲了達到目的而心甘情願使用的手段」，而不是「非我所願地被迫配合」（例如法律）。其實人類文化活動本質上就是屬於道德的範疇，是一種爲了「活得更好」所做的自我約束。例如，我如果隨便傷人，別人也可能隨便傷害我，所以我「必須克制隨便傷害人的衝動」。

由此可知，道德不該被列爲「應然」，而是「實然」的規則。我們跑步速度再快，若突然看到前方路上有條蛇，我們會「緊急剎車」以免踩到蛇，那就是「實然」的反應，我們停下來的目的很明顯：避免被蛇咬。所以我們可以說，人類在進化中，隨著生命力的擴張，發展了許多實然的自我操控的心理機制，眞的是一種「道德動物」。

比較令人遺憾的是，自從進入「文明」時代（此處指農業文化及戰爭文化），人類社會產生「統治」族群與「被統治」族群，統治者爲了使權力永久化而結合了宗教信仰，頒布了許多「使被統治者屈服合理化」的規則，這個規則區隔成兩個類型：**一是對統治者有利的規則，被歌頌為「善」；另一是對統治者有害的規則，被稱為「惡」**。一旦善惡分明，「發揚善」並「打擊惡」就變成宗教與法律的核心價值，經過教育傳播，終於成爲我們所熟悉的「傳統」或「風俗習慣」。

傳統或風俗習慣並非一無是處，正好相反，它們使一群人活在一個大型國家體系之中，各得其所，各司其職，朝一個共同目標協力發展，創造了我們熟悉並且享受到的文明。但它嚴重的缺點在於，文明把「人」扭曲成「被動地爲善惡所困」的「標的物」（Object，或稱客體），而不是「主動地操控善惡」的「主體」（Subject）。標的物的存在是被動的，受制於外力操控的，例如一顆石頭。主體是主動的，是自己能夠操控外在環境的，例如我們在實驗室研究活體生物如青蛙、老鼠甚至一隻螞蟻，我們稱牠們爲「主體」。人類社會最大的悲哀在於，文明越發展，人就似乎越被「標的物化」（或稱物化），越喪失

「自己操控外在環境」的主體性。換言之，人如果越來越不如其他的生物，我們還算是「人」嗎？

人，成了教條的奴隸

文藝復興時代又被稱爲「人本主義」時代，意思是「人」的核心特性與價值成爲此時研究與追求的目標。當一個傳統被檢驗，首當其衝被檢驗的當然是道德觀念。德國哲學家海涅曾和黑格爾聊天，海涅說：「天上的星星是行善之人的歸宿……」黑格爾回嗆：「星星？哼！星星只是天空得了痲瘋病的斑疹而已！」海涅聽了，很不服氣地反駁：「天啊！難道行善之人沒有老天爺的獎勵（善有善報）嗎？」黑格爾冷冷地回答：「原來你照顧你生病的母親，沒有爲了爭奪遺產而謀殺你的兄弟，一切都是爲了善有善報嗎？」有一種鳥兒，專門等鱷魚張開嘴巴時趁隙撿食牠牙縫的肉屑，鱷魚也許嘴巴張開太久會痠，但是絕不會隨便閉嘴把小鳥咬死。按照海涅的道德觀，小鳥正在行善，鱷魚正在爲了善報行使善行——是這樣嗎？

這就是尼采要回答的問題。**長久以來，道德觀已經被扭曲成「賞與罰為目的」的行為準則，人被「物化」為「為了討賞而行善，為了怕罰而不敢行惡」的可憐蟲，這種可憐蟲尼采稱為「奴隸」，奴隸的行為準則叫「奴隸道德觀」**。奴隸沒有生命力的自主性，他的外在肉體被法律控制，內在靈魂被「奴隸道德觀」控制，生命力被限縮爲「標的物」，任由外力宰割。對奴隸而言，他就像是一個端視大人如何對待他的小孩。在小孩眼中，大人如果給他糖果、零用錢，他一定視對方爲「好人」，好人叫他如何，他一定樂意配合；反之，大人如果罵他打他，他一定視對方爲「惡人」，惡人叫他如何，即使他被迫遵守，也一定口出惡言、充滿怨恨。結論是，**如果奴隸的道德觀一切建立在「對賞的貪婪與對罰的恐懼」的基礎上，那麼，奴隸的心態只能充滿兩種最主要的情緒：對賞者的諂媚與對罰者的怨恨！**

⏻ 文明的盡頭不是完美，是Powerless

回到小鳥與鱷魚的例子，其意義在於，人與人之間的最佳狀態是「互相貢獻與互相得利」的共識，爲此，雙方付出「代價」而得到「力量」，也正因如此，雙方將自我約束自己的行爲。小孩的例子，意義則在於，如果小孩沒有能力判斷大人賞他糖果、零用錢使他得到的「力量」（口腹之慾與享受）以及他要付的「代價」（要服從大人的命令，例如替他運送毒品），這兩者之間的平衡點在哪裡，當然小孩也沒辦法判斷大人打他罵他使他付了「代價」（肉體的痛），他得到的會是什麼「力量」？（大人是因爲他功課太差而打他，希望他功課進步，還是變態的虐待？）

奴隸族群最可憐的是「被物化」（也就是把自己視爲任人擺布的物體）的價值觀，淪落爲「無力堅持靈魂價值，只能維護肉體生存」的悲慘境界。矛盾的是，人終究是人，人的祖先早在幾十萬年前就演化爲具有本體 Power 的萬物之靈，部落時代幸好有保存這股 Power，反而是所謂的文明傷害了這股

Power，眞是情何以堪！幸運的是，「受傷」和「死亡」到底是不同的，當人類的靈魂受傷，會鬱卒、痛苦、憤怒，但基本上仍拒絕死亡，且會努力尋找療傷止痛的方法。

善或惡，由「我」決定

文藝復興時代的歐洲人已經普遍感受了「被物化」的不滿，所以思想家的言論才會引起共鳴。面對傳統宗教信徒的奴隸道德觀，尼采提出了「主人道德觀」的概念。如同康德和黑格爾等人，尼采也是把道德視爲知識，或說更視之爲一種思維與實踐合而爲一的邏輯。他常常把生命力的「野蠻化」與「哲學化」視爲邏輯上的一致性，換言之，野獸與聖人在生命力上面的表現方式是一樣的，差別只是粗糙與細膩而已，共同點都是「眞」與「美」。所以，人若要達到聖人的境界，首要之務不是努力學習聖人，而是先「除去」傳統的汙染，先回復到一張白紙的「原始人」心態，然後再以知識與勇氣把原始人精緻化爲聖人。這一點讓我想起，少林寺招收徒弟學拳，面試時第一個問題就是：「你是否有學拳的經驗？」如果說有，就當場拒收，這和尼采的生命力激發邏輯是一致的。

尼采認爲主人的道德觀和奴隸的道德觀主要的差異有兩點：一是人的位置，可以用控點（locus of control）來看，主人是由內往外控（主控），奴隸是由外往內控（被控），如下圖。可見對主人而言，善惡是由他來操控並界定，他根本不理會他人對他的評價；反之，對奴隸而言，他爲善惡所控，害怕別人說他是惡人，喜歡別人說他是善

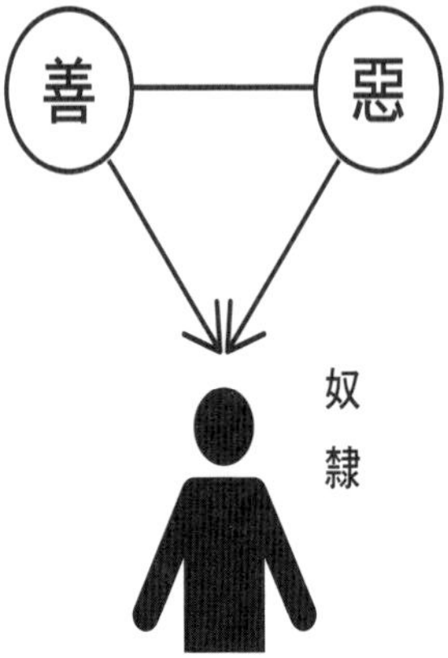

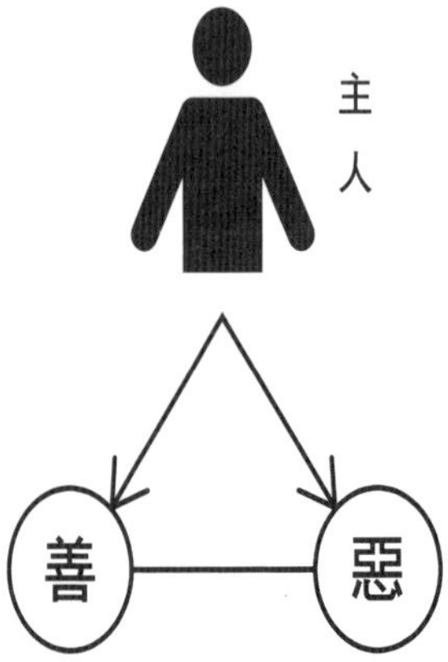

人，完全活在他人評價的牢籠裡。

爲了詳細說明主人道德觀，尼采特別寫了一本書《超越善惡》。什麼叫超越善惡？他認爲善惡是人主觀的認定，並非一種客觀的普世價值。例如，當我們看到蛆在吃人的屍體，把蛆定位於惡。可是對蛆而言，屍體是食物，是維持生存的必需品，那是善。律師看到有對夫妻失和鬧離婚，很開心有錢賺；殯葬業者看到飛機失事墜毀，機上數百人無一生還，對他而言，這表示有生意上門……所以尼采從「力」的觀點來界定善惡，他認爲，**凡是「能增加我的力量的人事物」就是善；反之，凡是「會削弱我的力量的人事物」就是惡**。

我們如果從西方主觀文化的觀點來看善惡，實在和傳統宗教觀點天差地遠。《聖經》說：「你不應殺人。」尼采會說：「殺死敵人有錯嗎？」臉書創辦人祖克柏二〇一一年爲自己立下的挑戰是「只吃親手殺的動物的肉」，算是邪惡嗎？中國古代地主欺壓佃農收租，藉此大富大貴，然後造橋鋪路、救濟窮人，博得善人之名，又眞的是善嗎？

從尼采「力」的觀點來看，世界上只有兩類人：一是獵人，一是獵物。

在獵人眼中，打獵是對的，是善；在獵物眼中，獵人就是壞人，是惡。**人不要抱怨被欺侮，與其浪費時間精力控訴加害者是惡人，他可以選擇去壯大自己、去反抗、去打倒加害者，把加害者變成受害者，這才是王道。**誠如康德的名言：「人把自己變成一條蟲，就不要抱怨別人踩在牠身上走。」善惡是可以由自己選擇的啊！

總之，主人的超越善惡道德觀並不是指主人可以善惡不分，甚至為非作歹，而是強調主人站在「自我的力量最可靠」的制高點來掌握自己的命運，拒絕被世俗的善惡之見所左右。奴隸族群完全不清楚獵人與獵物的立場差別，只會哀怨「我被欺負」，卻不去檢討「為何我被欺負」並策畫「如何不被欺負」的振作方法，這是他們最大的悲劇。

熱愛自己的命運，就是超人的特質

尼采的第四個論述就是鼎鼎大名的「超人」，這個概念也是他所提到的

生命力研發的最高境界。前面所說的「超越善惡」，指的是在「主人」面對生存環境現象時，他的「主控」位置，這裡要談的則是主人經過以上三個步驟的「修練」，最後修成「正果」是什麼境界，也就是道家講的「羽化而登仙」的成果。

尼采的超人境界至少具有幾個特質：

第一、對自己「超乎凡人」的境界的堅持。他說：「人看猿猴感到可笑和尷尬（因爲人從猿猴演化而來），超人看凡人也感到可笑和尷尬（因爲超人也是從凡人修練而來）。」相信沒有人會希望「再退化」回到猿猴，同理，超人當然拒絕再退化爲凡人。但是當超人有超人的Power，必然有超人要付的代價，對超人而言，這個代價是慘烈的，是常人無法承擔的。尼采使用的比喻是：「超人吃的食物，對凡人而言是火，會燒到嘴巴。」他也說：「我只按照我喜愛的方式而活，不然就乾脆不要活。」凡人要的是安全、穩定、享福的Power，代價是委曲求全、戰戰兢兢、趨炎附勢、卑躬屈膝的奴隸生活；超人要的是自由、自主、無限、全方位的Power，代價是冒險、犯難、受苦、死亡的領袖境界！

第二、對身為超人的命運的熱愛。凡人最常見的特性是「做一行怨一行」，幾乎總在不停地抱怨「我現在做的不是當初想要的」。很奇怪的是，他們也從不知道自己「想要的」是什麼！臺灣兩位總統說過類似的一句話，李登輝說：「我從來沒有想過會當總統。」蔡英文說：「我從來沒有想過當總統，但是我會選上。」如果是謙虛，倒也可以諒解，雖然有點虛僞。但如果眞的是「沒想過」，表示從來沒有自我期許和修練，表示是旱鴨子突然要游泳，游得好的可能性等於零，不淹死就算幸運。

英文有兩個字很奇妙，一是 destiny，一是 destination，兩個字的來源相同，差別在語意表達同一現象的「深度」。destiny 指一個人爲自己設定的生命「方向」或「理想」，較爲抽象，我們翻譯成「命運」或「理想境界」；destination 較簡單，就是指「預計到達的地點」或「目的地」。例如我們說「往南發展是我的命運」，那麼我們就從臺北出發往南，到板橋、桃園、新竹……甚至到了高雄屏東還可以再往南，去到菲律賓、澳洲、南極……甚至可以衝出地球，到其他星球上去。因此，我們常常勉勵年輕人來日方長，要選擇遠大的志向，但是要「一步一腳印」地設定目標，在這裡，志向就是destiny，目標就是destination。

超人指的是生命力的發展的境界，並非指特定的行業中特定的人。各行各業的人（只要是人）皆可以自由選擇成爲他所屬行業的超人。行業雖有不同，但超人的共同特性是一樣的，那就是「熱愛他的命運」（amor fati; love of fate）。人若生病很痛苦，但人會去治療病痛，很少人因爲生病而選擇自殺（即使罹患絕症也會力圖掙扎活下去）。原因是「活下去」就是生命的「命運」，生（成長）老（年邁）病（病痛）只是生命在不同階段出現的問題，那些要解決的問題就是「目標」。我們爲了愛「活下去」，所以即使「目標」再痛苦、再困難，我們都會咬緊牙關努力解決。

超人愛的是讓生命力自由、自主、無限、全方位的境界，換言之，destiny是無止境地遠大；爲此，要達到的目的地也是無止境的，每個目的地所遭遇的困難也是無止境的。超人愛這個偉大的destiny，當然也愛這個無止境的目標所遭遇的困難與痛苦。邏輯上最貼切的例子是孕婦從懷孕到生產過程中的心態：除了極少數孕婦因爲危及生命的痛苦而選擇墮胎，多數是帶著「我愛的小寶貝誕生」的心態努力，（甚至很喜悅地）度過孕期的難關，這就是「熱愛命運」，孕婦在這段期間就是「女超人」（overwoman）！

第三、永劫回歸（Eternal recurrence）

如同 Renaissance 被譯成文藝復興，Eternal recurrence 被譯成永劫回歸，也讓我一頭霧水。不過，如何翻譯不重要，重要的是這個字是超人的生命力所達到的境界，值得我們仔細體會。

宋朝詞人李清照的〈一翦梅〉有段說道：「一種相思，兩處閒愁。此情無計可消除，才下眉頭，卻上心頭。」以此形容戀愛中人對伊人的思念，這其實就是一種回憶機制運作的模式。也就是說，人類是回憶的動物，我們每天接收新資訊，腦袋裡所儲存的舊資訊並不會捨棄或閒置，而是會不斷地「再召回」（recall）；或許這是動物求生存的本能之一，因爲舊資訊會成爲動物在遇到危險時行動的「參考」。由此可知，我們不但談戀愛時會「再召回」舊資訊，其實任何經驗都會被再召回，這個回憶不斷被召回的現象，尼采把它命名爲

「永劫回歸」。

「永劫回歸」的結果，仍由「我」決定

「永劫回歸」如果是生物的腦部功能，就出現一個有趣的問題：如果動物的回憶能力會幫助牠們在求生存與繁殖方面更加順利，人類爲何對回憶產生又愛又恨的矛盾情結？尼采從「超人」和「凡人」兩個角度解析「永劫回歸」，提出清楚明瞭的答案。

如果「回憶」是一個「永恆」回歸到自我的心中的資訊，這個資訊本身就像我們小時候玩的玩具，或學校寄給家長的成績單，它們代表我們「從前」的苦與樂，那它們對「現在」沒有意義嗎？事實上並非如此，因爲「我」在看「我的資訊」，我不但記得它們從前的意義，我還會賦予它們「現在」的意義。換言之，回憶的意義不只是我「再收集」（回想）從前的資訊，也包括我「再詮釋」它們，給它們新的意義，也給現在的我新的刺激，關鍵不在資訊，

而是在「我」的詮釋。

由此觀之，「永劫回歸」成爲一種既是良藥又是毒藥的生命力機制，令我想起坊間對吃狗肉的詮釋：強者越吃越強，弱者越吃越虛！用狗肉當例子並不恰當，我要強調的是：**對強者而言，永劫回歸讓他更強；對弱者而言，讓他更弱**。更重要的是，不是你選擇拒絕，回憶就會消失，反而是你越想忘記，它越會回來，永遠糾纏著你！

如果我是沒有自我的凡夫俗子，我不但會被「現在的環境」逼得喘不過氣，我也會被「過去的環境」（回憶）逼得走投無路。凡夫俗子是懦弱、不求進步的族群，總是隨著回憶中的苦樂而情緒起伏。有人一喝醉酒就高談闊論，吹噓二十年前的豐功偉業，不然就是爲二十年前的錯誤痛哭流涕。嚴重的不是喝醉酒時才進入永劫回歸，而是平常時候也是處於永劫回歸的狀態，只是沒有發洩出來。很多老年人未必是死於器官衰退，而是死於永劫回歸給他們身心俱疲的折磨。

李清照那句「此情無計可消除」，表示她努力想「清除」回憶，因爲回憶讓她無限痛苦。同樣，李後主〈虞美人〉那幾句「春花秋月何時了，往事知多少？小樓昨夜又東風，故國不堪回首月明中！」也是企圖消除回憶，但顯然回憶一再被召回，使他不堪承擔。歷史記載，李清照係北宋豪門閨秀，婚姻幸福，從四十二歲到七十二歲逝世期間，歷經國亡（北宋亡），家破（夫死），連串災難，晚景淒涼。李後主則是南唐君王，「個性驕傲奢侈，不理政務，迷信佛教，廣建寺廟⋯⋯」當宋朝軍隊已攻到首都城下，他還在佛寺聽和尚念經，三十七歲亡國時投降宋朝，四十二歲去世。

從人道主義的角度，兩人的遭遇令人同情，他們的詩詞皆陷入哀傷的回憶，不可自拔，也是可以理解，他們的文學造詣更是令人欽佩。但是從「超人」的角度看，他們的思維完全屬於「奴隸道德觀」，對生命力很不尊重，兩人其實都是永劫回歸的受害者。

反過來說，超人的永劫回歸像是一種「透析」機制，讓他的生命更清澈、更健壯。

所謂透析是一種透過循環，好讓血液中新陳代謝的廢物清除的機制。永劫回歸可以是一種「精神透析」，使超人把回憶中苦與樂的 Power 所產生的廢棄物（這裡指負面功能）淨化，轉換為對現在的生命有貢獻的 Power。

回憶中的苦充滿著自卑、自棄與怨懟；回憶中的樂充滿著自滿、傲慢與腐化。超人要的是不斷增進的 Power，永劫回歸使他把自卑轉換成動力，自滿轉換成警惕，讓他**「每一次」面對回憶，「每一次」都能有不同的 Power 出現**。回憶已經不再是負擔與折磨，而是生命力的能源！

舉例來說，有個人曾經在五年前經商虧損五百萬元，永劫回歸的表現可以分兩種：一是他從此破產，不圖振作，每日抱怨他的慘狀全都歸因於那五百萬元。二是他學到教訓，東山再起，今年賺了五千萬元，永劫回歸使他感到「雪恥復仇」的驕傲。同理，有人現狀普通，卻一直津津樂道「當年勇」，有人則因爲現狀卓越，早已今非昔比，對於當年成就的快樂反而輕描淡寫，不以爲意。

尼采是一百年前的德國人，他究竟是誰？我們不必去關心；我們要了解的是，他被列爲歐洲革新再生運動的偉大要角，他說的東西是否對我們有幫助？我的答案很簡單，只要看他的作品一再被重印，事情就非常清楚了。

所謂的……
所謂的超人，
就是要能夠
不斷超越自己！
不只是當個人，更要
成為超人，是尼采給
我們最大的啟示。
嗯嗯

II

第二章

負能量的
Power

II

恨的Power

——負能量的管理學

「我們日常生活中的哀傷，幾乎都是人與人之間的關係所引起的。」

——亞瑟・叔本華，德國哲學家

Almost all of our sorrows spring out of our relations with other people.

——Arthur Schopenhauer

這是德國哲學家叔本華的名言，我把它當成學習政治、了解政治的開場白。我們爲什麼不快樂？有誰敢說自己很快樂？有人說我眞的無憂無慮，但是會這樣說的大概就只有兩種人：一種是小孩子，不過現在小孩子大概三四歲就開始會憂慮了。另一種就是智能可能有障礙的人。事實是，誰沒有憂慮、誰沒有哀傷呢？接著讓我們看看哀傷的來源。例如，你看一本書，看不懂書的內容，你會哀傷嗎？不會，不看就好了嘛；遇到了地震，你會哀傷嗎？不會，你會恐懼。那地震的哀傷是什麼？是因爲你看到地震後滿地都是屍體，甚至你的親朋好友因此傷亡，是人與人之間的關係所引起的。

所以回到「爲什麼會哀傷」這個主題，不會是數學題目解不出來、不會是家裡漏水……而是因爲有與「人」相關的問題出現：例如，爲何某人這麼恨我、爲何有人看到我就這麼不開心等等……**都是從人和人之間的關係產生的**。叔本華之類的哲學家，只有提出問題，如果要提出解決之道，就要學習「政治科學」。叔本華所講的人跟人之間的關係，其實就是政治。

叔本華很可愛，他又有另一句名言：「要用最簡單的語言來說明最不簡單的事。」政治不簡單，我們希望用最簡單的語言來說明更不簡單的「政治科學」。

政治是不是科學？當然是啊！不然怎麼會有政治學？不然全世界的大學也不會有政治系啊！所謂科學就是萬事萬物的運作法則，它能夠放在一個制高點，運用到放諸四海皆準，古今中外都能貫通。例如人會死亡，只要有生，就會有死，從存在變成不存在，這個邏輯套用到古今中外的所有生命，皆是如此，所以死亡就是一個生命的邏輯。如果有人說他不會死，我們會笑他吹牛；如果有人說他可以延緩死亡，那是死得慢、長壽，又是另一種科學。

先「解釋」，再「解決」

人與人之間的哀傷，能不能用科學來解釋？**之所以要解釋，因為它是解決問題的第一步**。從癌症發生的原因來看，到目前為止都缺乏有力的解釋能力，癌症科學就不能算是成熟的科學。例如一百個人都呼吸同一種髒空氣，但爲什麼一百個人裡頭，最後只有五個人得癌症呢？像我的阿公，他每天兩包長壽菸、一瓶臺灣高粱，這樣過了幾十年，最後活到了九十歲，沒有癌症！檳榔一天三包就一定罹患口腔癌嗎？才不一定呢！有可能只是你本來就會罹癌，只是剛好長在口腔。你沒吃檳榔，也有可能長在其他部位啊！所以我告訴各位，「解釋」就是解決問題的第一步。那哀傷要怎麼處理呢？邏輯上有兩種方法，一種是 wipe out，意思是去除；另一種是 work out，意思是解決。除掉和解決是不一樣的，前陣子北投有一個命案，一個父親生活過得不如意，跟他太太吵架，結果就狠下心把小孩都殺掉再自殺。最後其中一個女兒很幸運被救活了，她醒來睜開眼睛的第一句話是：「我恨爸爸！」她說她恨她父親！這小女生可能才國高中，遇到這樣的創傷，她的老師、長輩、社工或她的朋友會怎麼安慰她？大部分的人一定會說：「唉呀！妳要看開啦！」「要設法忘記傷痛啦！」等等。這不是廢話嗎？但她怎麼可能看開？將心比心，換成是你家發生同樣的事情，你看得開嗎？或是換個方式，我帶你去郊遊，來轉移你的注意力，請問有用嗎？沒有用！爲什麼？因爲你郊遊結束之後，晚上回到家，總是要休息睡覺，此時想起，還是恨父親啊！所以從這裡我們就可以發現有一個主要的問題要處理，那就是「恨」！

可見，恨這種情緒並不能 wipe it out（除掉它），只能 work it out（解決它），換言之，我們該思考的，是如何來經營、管理它。先想想，爲什麼她會有恨？正是因爲她愛她父親！她的父親養她愛她，幫她買玩具、照料她的生活，對她很好。她也愛父親，如同我們愛父母一樣，這本來就是人類的天性，尤其是她年紀還小，回憶裡頭都還是父母養育她的印象。如果再大一點，小孩獨立以後，這些印象就會變成回憶，感覺可能就不會這麼強烈，因爲越來越不需要父母養育了。

恨也好，愛也好，怎麼消除？我們打開電視、網路，聽了很多專家的方法，但其實那些都是善意的謊言，或是不負責任的空話。因爲專家們未必遇過這類悲劇，今天換成是他們的父親殺了他們的弟弟妹妹，然後對自己說要看開、要轉移注意力、要忘記它，你覺得會成功嗎？我不信！由此可知，不管是愛與恨，都不能硬把它們排除掉，就好像明明存在的東西你卻要它不存在、不存在的東西你要它存在，那是不合邏輯的！

愛＋恨＝身而為人的Power

身為一個人，人性有兩大特點，就是愛與恨！這是我們身為萬物之靈最偉大的動力，同時也是最可怕的殺傷力。有死必有生，有痛苦必有快樂，如果都是快樂，那痛苦的概念就不用存在了；如果痛苦不存在，那快樂也就沒有價值。也就是說，真正的快樂是我們擺脫了痛苦；真正的痛苦是快樂消失之後的對比。如同窮人發了財，因破產又回到貧窮。總而言之，**愛與恨代表生命的能量，貪婪使我們努力去愛、去追求；失去愛使我們恨，恨的目的，就是搶回我們所愛的東西，兩者合起來就是Power**。Power of life，類似正極與負極，合起來才是電力。

個人、公司行號或國家，如果一帆風順，沒有強烈的愛與恨的經驗，就不可能建立偉大的地位。我們看看那些國際上有力量的國家，幾乎都是四季分明，而不是四季如春、風和日麗。再看那些國家的歷史，它們絕不是一切順利，而是經歷無數的眼淚、流血、死亡，愛恨的交織而後蛻變，最後才帶來了光榮、勝利與驕傲。

讓「恨」成為正向的動力

我們要從政治學的觀點來探討人與人的關係。它不是要協助你消除你的恨，然後發揚你的愛，因爲這樣說並不合邏輯。電視上常常有一些大和尚大尼姑在倡導愛，強調他們心中一點怨恨都沒有……他們的出發點是善意，值得尊敬，但不合乎邏輯，換言之，說服力也有限。舉例來說，我們愛兒女，希望兒女進步，常用鐵變成鋼來比喻。鐵是怎麼變成鋼的？**第一步是你要恨鐵不成鋼**！假定有人告訴我他心中沒有恨，我會認爲他若不是虛僞，就是沒出息！請問，今天沒有恨的人能進得了臺大嗎？不要騙人了。一路走來，我看所有的臺大學生，凡是沒有恨的，不是被二一退學，就是出社會後就很快完蛋的那種魯蛇！再以考試爲例，今年考不上，明年再考！這就是恨！你恨什麼？恨你自己怎麼這麼窩囊，別人考上了，你爲何沒考上？

由此可見，**人就是需要被恨激發鬥志，那種恨就是一種正向的動力**。我來教各位小姐一招，如果妳們希望男友買禮物給妳，妳一直對男生抱怨說：「上次你送給我那個包包，是山寨版的名牌包，好像只要五百元。」男友聽了可能會說：「五百元的包包也不錯了啦，好用就好了啊！」可見妳這樣抱怨是沒用的。妳如果告訴他說昨天晚上有人送禮物，妳不知道該不該收……這時男友就會馬上覺得不對勁，開始認眞盤問：「誰送的禮物？是什麼禮物？」妳再說，是昨天情人節某人送的名牌包，看起來不便宜，本來以爲應該是假的，畢竟跟他也沒特別關係，沒想到有同學是行家，鑑定這個包包竟然一個要三十萬臺幣。這時，妳的男朋友第一個反應一定是內心又妒又怒，三字經差一點破口大罵！過了一個星期，還眞神奇，男朋友果然買了一個三十萬的名牌包給妳，宣稱這個包包一定比妳那個朋友送的更好！你們說，恨重不重要？

我們要了解，如果人跟人之間，不是因爲愛跟恨的緣故，幾百萬年以來，我們如何從只用樹葉遮住屁股，一直演化到今天包包一個就要三十萬臺幣？請注意，這不是奢侈或價格的問題，而是我們今天能夠做出這麼貴的衣服，做出這麼貴的包包，表示我們有能力做出各種高科技的產品，從飛機、大砲、手機、電腦，到日常生活各種用品，來讓我們生活過得更好。換句話說，我強調的是「創造力」！請問創造力怎麼來？如果沒有恨、沒有愛，怎麼創造？

鐵
…
鐵兒，我恨你！
鐵
消失～
消失～
恨鐵才能成鋼！
鋼
變身

戰爭文化的Power

——變強的原動力

所謂「文化」，它和「自然」的差別是，文化指人居住在特定時間地點對大環境的認知，包括對自己生命的認知。農業文化與戰爭文化的差異還有一點，就是對生命的看法。農業文化比較強調生命與生命之間的平等。什麼叫平等？「天生萬物」就是農業文化很偉大的一個邏輯，它認爲所有生命都是上天生出來的，人只是其中一物，只是萬分之一而已。因此，我們面對小動物，面對任何人，都是天生出來的，都是平等的，所以人的優越感就不見了。

戰爭文化，顧名思義是認爲人處於充滿戰爭的大環境中，唯有參與戰爭、打敗敵人，獲得勝利，生存才能獲得保障。這種文化之下當然產生許多宗教信仰，基督教只是一個代表。但結果顯示：只要是抱持戰爭文化的國家，眞的每一個都出頭天！即使是小國如北歐國家，也不例外。說到北歐的戰爭文化，丹麥瑞典的戰神叫奧丁，祂的教條是什麼？凡是死在床上的人只能下地獄，只有死在戰場上的，才能夠上天堂！北歐的戰神，個個都殘缺，有的沒眼睛、有的沒耳朵、有的臉只有一半，神就是要這樣才叫神。舉例來說，在俾斯麥時代的德國，如果年輕人長得太帥，像劉德華，可能找不到女朋友！若以我李錫錕爲例，即使我已經長得不帥，也還不夠，如果我今天獨眼教課，底下學生應該會更崇拜我。爲何歌頌殘缺不全？**因為它代表一種「勇敢」的代價**。

冒險與侵略，帶來文化大躍進

耶穌誕生距今近兩千年，兩千年以來，戰爭文化帶來史無前例的殺傷力，地球上有多少古蹟、多少肥沃的土地、多少人都被毀滅。但是同樣的，它也帶領了人們走向勇於嘗試與冒險的方向：哪個國家最先登陸火星、月球？絕對不是農業文化立國的國家！那些勇者帶著什麼心情去征服外太空？當然是帶著戰爭的心情，戴著十字架，懷著「死也無妨」的勇氣。坦白說，若要叫佛教徒去登陸月球，我才不信他們做得到。佛教上人們在講道的時候，如果空軍正在做戰鬥機飛行訓練，聲音咻咻咻地吵到老人家開示，搞不好事後還要行文空軍基地，要求不要吵到學生聽課。

持平而論，戰爭文化的偏激信仰對人類文明有沒有貢獻？當然有！基督教有一首非常重要的歌曲，叫〈基督精兵進行曲〉，有任何慶典或教會活動都一定要唱這首歌，有幾百年的時間，英國政府把它當成非唱不可的軍歌：

Onward, Christian soldiers, marching as to war,
With the cross of Jesus going on before;
Christ, the royal master, leads against the foe;
Forward into battle, see His banners go.

基督精兵前進！齊向戰場走，
十架旌旗高舉，引領在前頭；
主基督是元帥，領我攻仇敵；
齊看我主旗號，進入戰陣！

「Onward, Christian soldiers」這句歌詞裡，基督教的信徒被稱爲基督教的士兵，意思就是人要爲祂打仗！前進啊！基督的士兵，「marching as to war」就是走向戰爭，義無反顧！「With the cross of Jesus」是指前排士兵高舉十字架，後排士兵就跟著衝鋒陷陣！「going on before」表示，十字架在哪裡，我就跟著往前衝！然後 Christ 基督啊，「the royal master」尊貴的主人，「leads against the foe」帶領我們殺死敵人，foe 就是敵人的意思。可以說，是這首歌的內容與精神感召了西班牙人、葡萄牙人，征服了南美，才造成今天整個南美只有兩種官方語言：西班牙語跟葡萄牙語。

「我想變強！」的信仰

也是戰爭文化的信仰，例如日本的神道教（武士道），讓二戰時期的日本瘋狂地侵略各國，建立所謂的大東亞共榮圈，太平洋從東伸到夏威夷，南從關島、所羅門群島一帶到新幾內亞，差一點要到澳洲。那種瘋狂固然在今日已煙消雲散，卻留下了日本的經濟影響力。如果沒有整個亞洲對日本產品的依賴，日本今天搞不好會比臺灣還要窮！因爲日本人口眞的很多，山也多，土地又不肥沃。冷靜分析日本的經濟命脈、國力根源就知道，靠二戰這些瘋狂的軍閥所打下來的基礎，對他們來說有多重要！二戰時，日本軍隊雖然沒有拿著十字架，但他們拿的是什麼？是武士刀！所以日本的神道也可以歸爲戰爭文化。神道的規定非常簡單，誰戰死沙場，誰就能夠進靖國神社！人的牌位雖在東京的靖國神社，但是靈魂卻能夠到天上去。進靖國神社唯一的要件就是戰死沙場，但是最近破例了，深入因三一一海嘯引發的核災險境的「福島五十死士」也能夠進去，因爲他們的表現可比戰爭英雄。

從戰爭文化的角度，再來看看我國的外交，則是令人唏噓。舉例來說，一九七四年與甘比亞斷交，一九九五年復交，二〇一三年甘比亞總統又宣布斷交。臺灣被許多非洲國家耍來耍去，我得說，不要去罵甘比亞，我們先檢討自己。中華民國除了錢，現在還有什麼籌碼可以用？何況我們的錢也沒有那麼多。如果其他國家撒更多錢，我們不就輸了嗎？所以重點是，**我們要知道世界背後的機制是如何運作的，其實就是偏激，也就是一股追求勝利的狂熱。**追求偏激勝利的祖先，至少能讓子孫享受他們辛苦打下的大片江山；反之，缺乏偏激的祖先，就讓後代子孫們活得苟延殘喘。但也不必恨他們，我們該恨的是自己——**為什麼不睜開眼睛，看看我們現在需要的是什麼信仰？**

要勝利，就要對自己的信仰懷抱「愛」

「自我犧牲」是人類信仰發展過程的重大突破。部落文化不算具有自我犧牲的現象，他們雖勇敢，但還沒有自我犧牲的認知，只是順著本能去做。就像老鷹辛辛苦苦抓小鳥給小孩吃，那不能叫自我犧牲。**自我犧牲是指我未必愛做某些事，但我還是選擇去做，為了什麼？為了Love！**自我犧牲眞正發揚光大爲一種美德，應是透過基督教。佛道教的信仰太鬆懈，雖然它們也強調「我不入地獄，誰入地獄」的勇氣，但不算很具體地捨己爲人。憑良心講，佛道教的奉獻熱誠不能叫犧牲，犧牲是爲了救別人，我可能會死掉，這種程度才稱得上犧牲。這種美德，基督教裡明白地提倡，戰爭文化國家則把它發揚光大。

比較農業文化跟戰爭文化，爲什麼說戰爭文化比農業文化優越？這麼說好像有點不公平，因爲農業文化先來，戰爭文化則是後到，後來者永遠居上，就如同手機一樣，今年推出的手機功能一定比去年更先進。農業文化與戰爭文化的差異，基本上是從較不積極、較少反抗、較不負責、較少羞恥、較少熱忱，進步到更積極、更反抗、更負責、更具羞恥心，以及更大的熱忱。我們可以用一個平衡的心態來比較這兩個文化，需要的是相互借鏡，而不是相互譴責。

什麼叫熱忱？英文是「passion」，拉丁文是「pati」，是一種爲愛受苦的能力，耶穌受難就用「passion」形容。農業文化本質上很溫和慈悲，但是溫暖有餘，熱忱則不足，也就是說，爲愛受苦的能力相對較弱。我常常開玩笑說，最好不要太相信亞洲的領袖，因爲他們想的、講的，未必做得到，原因在於亞洲人太宿命論了，很容易一受到挫折就推給命運。崇禎皇帝沒有檢討自己做錯了什麼，反而認爲明朝之所以潰敗，是老天爺要亡他的。當人用這種心態去面對困難，很容易將錯推給天意。一發生人禍，輿論就說：「這是天意啊！」「今天甘比亞跟我們斷交，天意啊！外交部一定有個風水弄歪了！」農業文化處處充斥這種心態，要人民如何改善自己的命運？

「相信」才有Power

當然，農業文化的寬容慈悲也有感人的一面。宋朝就有個故事：有位大官去算命，算命師說他只能活到二十五歲。當時他已經二十四歲半，當然很惶恐，連忙問算命師該怎麼辦？大師說唯一的方法是多做善事，但是總不能把人打昏再救醒他吧，做善事只能順其自然。所以他很苦惱、很惶恐地等著半年後一命嗚呼。

有天，他垂頭喪氣地走過一條泥巴路，路中間有個大窟窿，積滿了水，他發現，有很多螞蟻因爲淹水來不及逃跑，正浮在水面上掙扎。他一看，覺得很可憐，便在路旁撿了根樹枝，放在水坑上，讓螞蟻順著樹枝往上爬過，一會兒，螞蟻便全部安全撤離了。當下他也沒多想，過幾天，他又垂頭喪氣跑去找算命師：「大師，我眞的找不到機會行善。」結果算命師卻說：「恭喜你，你可以活到七十歲了。」他一頭霧水：「我並沒有做善事啊？」算命師說：「你這幾天一定有做善事，你想想看就知道。」「我這幾天也沒碰到新的人或災難。」「有，一定有！不可能沒有！」「難道是前幾天救螞蟻逃離水坑的事？我救了那群螞蟻算善事嗎？」算命師聽了原委之後便說：「天生萬物，螞蟻也是一物啊！你那天可能救了超過兩千隻螞蟻，等於救了兩千人啊！如果救一隻螞蟻可以多活幾個月，你可以多活幾十年呀！」

佛教界最喜歡講述諸如此類的故事，勸世行善，說是可以延壽。當然現在腦神經科學已證實，**幫助別人所帶來的快樂會讓我們更健康，因為這實際上**

就是在讓自己快樂。古代人相信行善改運，表示農業文化對生命所知有限，但是相信救螞蟻等於救人，未嘗不是對「助人」或「利他」概念的肯定。

不過，農業社會有些奇怪的說法，例如高高在上的皇帝自稱「寡人」或是「孤」，象徵農業文化對於生命存在的自我壓抑，把人的價值貶抑到跟萬物一樣。對統治者而言，他之所以高高在上，是因爲老天爺要他高高在上，但內心深處還是自覺平凡渺小。這種自卑感在今天看來比較不可取，因爲當統治者把自己看得這麼卑微，等於整個國家社會都充滿自卑感，信心就不存在了。一個沒有信心的文化，遇到困難，怎麼站得起來？這就是農業文化的後遺症。農業文化常有的現象：越有錢越自卑、越自覺渺小，即使用昂貴物質襯托自己的偉大，過著豪華生活，仍沒有減低恐懼。恐懼在哪裡表現出來？例如捐錢給宗教慈善團體，一捐就是一億；或一邊做黑心企業，一邊成爲功德主。從邏輯上分析，這根本是減緩恐懼的反應。基於自卑與恐懼而做善事，臺灣話叫「假仙」，意思是行善的藉口和行善的動機未必一致，基本上是一種虛僞。所以農業文化是非常假仙的：皇帝捨不得自己的地位，卻自稱寡人，豈不可笑？眞的那麼孤、那麼寡、那麼可憐，爲何要不擇手段奪取大位？不如趁早下臺好了。

但是戰爭文化就不一樣了，一個人可不可憐，完全由成敗決定。它假設你隨時都會遇到必須選擇「死或活」的關鍵時刻。**戰爭文化會把人擠壓到求生存本能的最極限：再不奮鬥、再不抵抗的話，就死**！當每個人隨時準備發揮極限，他對生命敢不積極、敢不反抗嗎？當領袖帶領一群人去打另一群人，爲了要打贏，他敢不負責嗎？基督教與佛教的最大不同在於前者容忍不平等、甚至鼓勵不平等。基督教以信徒對神信仰的強弱，是否爲了信仰願意拋棄家人、甚至殺死家人，是否願意揹著十字架追隨神，來決定信徒的權利與地位。對信徒而言，揹著十字架追隨神，比回家跟媽媽過生日更重要！在這種文化情境之中，軍隊也容易打勝仗，國家地位也容易高高在上。因此世界上第一個建立階級制度、發揮體系功能、追求戰爭勝利的國家，就是戰爭文化的國家，嚴格說來，就是從希臘羅馬時代以後才開始的。

養兵千日的Power

東方的階級不是建立在個人才智與勇氣等基礎上，而是在擁有土地與財富的基礎之上。西方的階級不僅僅是依靠財富，也要靠人格力量（personality power）。例如美國人會強調自己的祖先打過南北戰爭、參加過美國革命，有多少家人參加兩次世界大戰等紀錄，家族會將之引以爲神聖的傳統，而這個傳統本身就代表著人與人之間的不平等。勇敢家庭出身的人會認爲普通家庭出身的人是懦夫，勇者的地位會一直流傳下來，例如歐洲的貴族王朝，傳承都很久遠。人與人的不平等，是好或不好？從生物學觀點來看，越進步的動物細胞，分工越細，例如人類細胞的階級區隔非常明顯，每個器官分工都很精確。同理，一個國家表面上未必顯示出什麼階級，但這個國家內部的勞力分工如果並未區隔清楚，每個人工作都大同小異，與蚯蚓內部一樣，就是個落後國家！

美國有一個國防部長叫勞勃・麥納馬拉，他是越戰甘迺迪時期的國防部長，後來甘迺迪被殺，新的總統又請他當國防部長。他的履歷非常傑出，是柏克萊大學經濟學學士跟哈佛大學的管理碩士，卸任以後還去做世界銀行的總裁。他八十幾歲的時候寫了一本回憶錄，說他看到軍訓結業閱兵後，軍人們都把槍丟在地上很不屑地罵髒話，爲什麼呢？因爲當時美國是三〇年代，第二次世界大戰還沒有爆發，而距離第一次世界大戰也已經過了一二十年了，太平久了，大家都看不起軍人，覺得當兵非常荒唐、浪費時間。所以這些人受完軍訓後，就把槍丟在地上踩一腳，覺得很慶幸可以離開。

後來他指揮著六十萬大軍在越南打仗，死了七萬人。他在回憶錄裡面慨嘆，說他現在想起當時大家這麼看不起軍人，還好還有一些傻瓜留下，像是艾森豪、麥克阿瑟、巴頓那些人，正是因爲他們還繼續留在軍隊裡面，到了第二次世界大戰爆發後，美國才能夠登陸諾曼第，才能夠在二戰打勝仗。

所以一個國家強不強，他們的職業軍人非常重要。從部落時期珍惜打仗的人、羅馬帝國的軍團，一直到今天的職業軍人，你去看看，沒有幾個國家像我們的軍隊、我們的軍人這樣被糟蹋。當然了，我們希望文化就是從錯誤中學習，不要悔之晚矣，等到來不及的時候才後悔。

平時
養軍人沒用啦！
戰時
你們快為國犧牲！
…
……

偏激的Power
——不跟人生決鬥，就等著當魯蛇！

關鍵在於，要有一副熱愛眞理的靈魂，隨時隨地，只要發現眞理，就要吸收它。另外，眞理需要不斷重複地被傳誦，因爲錯誤的眞理，也是不斷地被個人與群眾傳誦著。在新聞界和知識界、學校和大學裡，無處不是錯誤眞理在高聲叫囂，沉醉在「我們代表多數人」的意識中。

——歌德，德國作家、哲學家

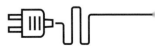

The main thing is to have a soul that loves the truth and harbours it where he finds it. And another thing: truth requires constant repetition, because error is being preached about us all the time, and not only by isolated individuals but by the masses. In the newspapers and encyclopedias, in schools and universities, everywhere error rides high and basks in the consciousness of having the majority on its side.

——Johann Wolfgang von Goethe

偏激的正面價值

在現代社會中，有很多詞彙被過度醜化、負面化，繼而喪失了它原有的意涵。例如我要談的「偏激」（radical）這個名詞。爲什麼要談偏激？因爲它剛好是很多人對於我的課程，甚至個人的評價，其實誤會大了。他們把偏激的意涵解釋成非常負面，徹底冤枉了這個詞。何謂偏激？最直接的解釋是「根」（root）、「基礎」（basis）、「原則」（principle），**為何用「激」？可能是含有「激發生命力」的意涵**。根也好，基礎也好，本來是很正面的，但是不知何時起，一旦用在人與人之間的互動（例如政治），卻連上了「偏頗」（one-sidedness）、「極端」（extreme），逐漸成爲負面的形容詞了。

例如偏激分子，似乎就代表不理性、不妥協的一群人。一言以蔽之，「偏激」原來的意思應該是指「深化」「追根究柢」，把一件事情做得很徹底的意思。如果用在抽象的情緒方向，它應該是指一個信仰或感情激化到最大程度，例如日本武士相信生命就應該像櫻花，燦爛但短暫，所以他們只在乎生命的亮麗，不在乎生命的短暫，這就是一種偏激的信仰。如果可以把偏激聚焦在「激」，有什麼不好呢？日本的武士道把「激」放在日常生活中，於是泡茶有茶道、插花有花道，學劍有劍道，重點放在「道」（也就是道理、原理），那樣的話，現在也可以用「電腦道」來研發電腦產品，不是很好嗎？

但是如果把偏激聚焦在「偏」，那就是「偏頗」，意即失去平衡，反而扭曲了偏激的原來意涵。從偏的角度看，在現實社會中，偏激分子可能無所不在，那就呼應了歌德所觀察到的「無處不在高聲叫囂，沉醉在我們代表多數人的意識中」現象。例如有些宗教團體迷信暴力與仇視；有些則迷信過度的慈悲與包容。走到極端，暴力淪爲玉石俱焚的毀滅，慈悲淪爲敵我不分的投降。

科學上，人的「情緒力」決定他的思考力與行動力，因此我們常常勉勵自己要有「激情」（或熱情），英文叫 passion，代表一種被激化的情緒力量。這種力量和生物本能不一樣，狗「急」跳牆，那種急是遇到危險情境的奮力一搏，情境一變就消失了，我們稱爲 desperation（絕望、拚命）。**激情不是本能的產品，而是透過文化、學習之後的產品，是經過教育而產生出來的**

Power。那是一種愛的力量，同時也包含恨的力量。當我們愛某一個人或某一種價値觀，就一定會恨那些企圖傷害我所愛的人或價値觀的人。愛越深，恨越強，這就是平衡的、合乎邏輯的偏激，這種 Power 就是偏激的 Power。

偏激是怎麼煉成的

人類早期部落社會的愛與恨，不像現代人這麼強大，但是很「平衡」：他們愛家人、族人，他們恨威脅家人及族人的敵人，甚至恨到吃敵人的肉，把敵人的頭晒乾爲「人縮」（稱作 tsantsa 或 shrunken head）作爲戰利品。他們很勇敢，但對不起，只爲家人、族人勇敢；他們很慈悲，但對不起，只對家人、族人慈悲。愛恨分明，成爲部落 Power 的特色！你可能會覺得奇怪，爲何許多好萊塢知名導演或明星喜歡去拍原始部落生活的電影，例如梅爾・吉勃遜執導的《阿波卡獵逃》，原本就是爲了讚揚及肯定部落社會的那種愛恨「平衡」的精神，因爲我們現代社會很容易把愛恨加以扭曲、壓抑與偏頗化。因此很多電影或文化創作喜歡以部落文化爲題材，正是這個原因。

我們的生命力是如何被扭曲、壓抑與偏頗化？回顧一萬年的人類文明及歷史，我們可以歸因於兩個大功臣，同時也是元兇。第一是農業文化，農業文化強調慈悲與寬容，它讓我們的愛延伸出去，如果沒有農業文化，人類的愛從來不會及於陌生人。我們今天坐在家裡看電視新聞，看到某個國家發生海嘯、地震，死了上萬人，災民流離失所、驚惶落淚的樣子，基本上，都會有惻隱之心，不太可能看了心情爽快。之所以會有同情心與同理心，那是歸功於幾千年來農業文化對人類社會的薰陶。但也是因爲農業文化對於愛的 Power 太過偏向於溺愛，使得農業文化社會出現了致命的缺點，就是國家遇到危難、需要用「恨」的力量克服困難的時候，我們卻變得毫無招架應變之力。

第二個功臣和元兇就是戰爭文化。和農業文化相反的是，戰爭文化讓人類爲了戰爭的勝利，敢去恨、敢去攻擊與征服。爲了勝利，戰爭文化強調負責、榮譽、團結，並且不斷地讓自己進步。缺點則是爲了勝利不擇手段，造成戰火遍地、國破人亡，環境與生命的破壞前所未有。我們必須要了解，農業文化與戰爭文化，都只是生活方式的表達，沒有誰好誰壞，或是誰對誰錯的問題，一切都是氣候、土地、人文等複雜的因素交合而成的結果。

宗教可以激化人的Power

文化是一種學習後所得到的能力，人因爲智愚勤惰之別而得到的能力各有不同，於是產生贏家與輸家。贏家運用一切手段去鞏固勝利的果實，變成既得利益階層，既得利益階層的手段之一就是宗教。談到宗教，我們會發現一個有趣的現象：孔孟的儒家思想早在春秋戰國時代就存在，五百年後漢武帝才「罷黜百家，獨尊儒術」，而儒教（學）才終於變成一種類似國家宗教的存在。耶穌傳道，二十八歲被釘在十字架，約三百年後君士坦丁大帝才宣布基督教合法、狄奧多西一世再將基督教定爲國家宗教。也是直到釋迦牟尼死後數百年，阿育王才全面大力推廣佛教，幾乎成爲國教。這三個現象已經不是巧合，而是一個共同的邏輯：**既得利益者為了鞏固統治權而建立了一個對他們最有利的**

信仰體系。也就是說，一旦政治權力進入了信仰，生命力中最重要的「偏激的Power」——愛與恨的 Power ——就開始被扭曲、壓抑與偏頗化了。

拿破崙曾說：「如果世界一開始就有宗教存在，我當然就會信仰宗教。可是當我讀了蘇格拉底、柏拉圖、摩西或穆罕默德，我便不再有宗教信仰了，原來宗教全是人發明的。為何要發明宗教？是為了安慰窮人，使窮人不要殺富人……因為人生而不平等，宗教就是要讓窮人相信這些不平等都是神的意志。」聰明如拿破崙看懂了這些被扭曲的宗教本質，所以等到他自己當了統治者之後，便花費重金重建或修復了歐洲著名的大教堂，如巴黎聖母院、米蘭大教堂、羅馬聖彼得大教堂等，正是巧妙地利用了宗教來幫助他完成統治的目標。

哲學家叔本華曾經把宗教列為人類訓練動物技術的最高境界。他的意思是，**我們訓練動物拉車、騎坐、表演才藝等等，這些都只是「如何行動」；宗教呢**？**則是訓練人「如何思考」，這就是最高境界**。人類社會經過部落、農業、戰爭文化所創造出來的信仰薰陶後，人類的愛與恨越來越被「偏激化」，以至於到大愛大恨的境界。

凡事有得必有失，力的產生必有劫（也就是「力」之「去」），任何力量都要付出代價，這是力的眞理。宗教把人的愛恨給激化後，人類生命力的潛能被開發了，地球上的「一群陌生人」被組織起來發揮了集體的力量，於是創造了史無前例的文明成果，例如大規模的政府、偉大的建築如萬里長城、大規模的灌溉系統、甚至大規模的屠殺……不一而足。人的享受增加了，不但生活上的基本需求得到滿足，甚至於豪華奢侈的現象也出現了。人不再只是爲追求生存而愛恨，而是爲了讓生命更豐盛而愛恨。那文明的代價是什麼？就是「激」但是「偏」——生命力被既得利益的統治者結合宗教，扭曲、壓抑與偏頗化得太超過，而成爲「愛之欲其生」的溺愛。不然就是太超過的恨，而成爲「恨之欲其死」的仇恨。

主觀文化，把愛恨的思考提升到新的境界

但人類最偉大的能力就是反省並自我糾正錯誤的能力，經過農業文化對愛的激化，以及戰爭文化對恨的激化，人類終於覺悟到：愛與恨是必要的動能，兩者矛盾但是相輔相成，不過，勢必要有一個位階更高的力量去「統御」它們。尋找這股力量的運動就是前章所提到的「文藝復興運動」，正確的翻譯應該是「革新再生運動」，因爲 **Renaissance** 字面意義就是「再生」，而馬丁．路德．金恩的宗教改革運動被稱爲「革新」（**Reformation**），舊基督教被改革爲新教（**Protestantism**），也就是「抗議」（**protest**）的信仰。革新再生運動本身的目的除了「除舊」（排除並改革傳統的價值與習慣），最重要的就是「布新」——提供了新的信仰，雖然不必然是宗教，但是具備宗教的功能：訓練人「如何思考」。所以如同第一章所述，我們把這個新的革新再生文化稱爲「主觀文化」。

我要強調的是，不論什麼文化，只要是人，就和動物不同：基本上，動

物的情緒不會被激化，牠們的生命力只是本能的 Power，只有人類才會有被激化的 Power，我們會愛到爲愛而死，也會恨到臥薪嘗膽二十年，這是人身爲萬物之靈的驕傲！愛因斯坦的一位小學同學問他：「我們小時候都喜歡看星星，爲何你成爲物理學家，我卻沒有？」愛因斯坦回答：「因爲你長大以後就不看了，我長大以後還繼續看啊！」愛因斯坦並非特例，如果仔細檢視各行各業成功的傑出人物，我們會發現他們沒有一個人的個性是不偏激的。大多數人在應徵工作、找伴侶、選投資夥伴的時候，總是抱著試試看，有也好、沒有也好的心態，連事先稍微做點準備工作都不肯，成功的機會當然非常渺茫。如果你周圍充斥這些東也好、西也好、南也好、北也好的人，你還開心地跟他們瞎混，那就證明你們是物以類聚，屬於同一個幫派，叫做「魯蛇幫」。魯蛇幫不是愚笨、不是壞人，只是生命力沒有被激化的人，如同低溫的水，永遠不能變成蒸汽動力，對生命力而言是很可惜的。

總而言之，偏激這個詞之所以至今仍被汙名化，最主要的原因就是當初美蘇冷戰，西方民主國家對於蘇聯等共產國家，冠上了偏激的形容，最後形成了一面倒的負面刻板印象，眞的很冤枉。**如果我們只選擇看到偏激的負面，而沒有看到它對於人類進步帶來的貢獻，甚至去打擊偏激，那也就不用對多數「不偏激」的人庸庸碌碌、一輩子居於「魯蛇幫」的現象，感到太訝異了。**

爸！
你不要一直跟著我好不好！
!!
!!
休想動我寶貝女兒！
人永遠要做好衝突的準備！

貪婪的Power
——有欲望，就要懂得追求！

今天若有人要壓制你的貪婪、妖魔化你的貪婪，很可能是因爲那些人自己已經得到貪婪的基本滿足。他高高在上，擁有的比你更多。他是因爲捨不得現在的地位，很害怕有人搶奪他的地位，所以才叫你不要貪婪。

像這種扭曲了貪婪的正面意義的騙局，我們一定要看穿它，不要上當。我們怕的不是貪婪的痛苦，而是有了痛苦卻不去奮鬥追求，或追求到一半就氣餒放棄，最後不能得到欲望的滿足，永遠不知道優越的喜悅！

我有一張剪報，上面是二〇〇五年臺大物理系成立六十週年時，恰好碰到國際物理年，臺大邀請當時中研院院長來演講的新聞。他演講的題目是：從光電效應談化學物理學程。這是他的專長，他談這個恰如其分，我沒話講。但是他又另外談了一些話題，這我就有話講了。講者說他高一時生了場大病，發燒一個月，就在這期間，讓他有機會仔細想想自己的將來。你們不要以為「仔細想想」有什麼了不起，其實有腦就會想，生病、沒地方去，就會仔細想。甚至早上八點鐘你本來要起來，我硬是把你綁在床上、不讓你起來，你也非仔細想不可，因為你不能動嘛。所以了，仔細想不稀奇，想什麼才稀奇。講者說他那時就期許自己：要做自己的主人，要掌握時間跟生命，不要受父母老師學校跟環境的束縛。這就稀奇了，這是傑出人物自幼不凡的共同點。

太多夢想徒有空殼

問題是，他把「做自己的主人」說得太簡單。話說起來很容易，但是要

「如何做」才能成爲自己的主人，這就不簡單了。首先來談談「不要受父母老師環境束縛」這件事，不要上學就好了嘛，當孤兒就好了嘛，離家出走就好了嘛。有時學者、名人難免得意忘形，假設我在某個專業領域很棒，就會自以爲在其他領域也很棒。但我現在不是要責怪他，只是要告訴各位，你可能被講臺上的人所誤導了。他所精通的科學不會誤導你，但是他撈過界，跑到了政治學領域。

他說他考完聯考以後，父親要他念醫學系，堂哥則要他念土木工程，將來可以貢獻社會。可是他想要念化學物理，於是想了又想，先妥協塡了化工系，等到大二，再轉到他最愛的化學系。這就如同父母要我嫁A先生，我愛的卻是B先生，於是我先妥協嫁給了A先生，也生了兩個孩子了，最後終於離了婚，再嫁給心愛的B先生。唉！這也許是人生的一類故事，但是當成教育後進的教材，眞的適宜嗎？這算是當自己的主人嗎？

若要當自己的主人，一開始就該堅持念化學系，**妥協一年是妥協，妥協十年也是妥協，妥協一天也是妥協。只要妥協一天，就不能說是做自己的主**

人，這是邏輯問題。我告訴各位，「做自己的主人」不只是一個夢想而已，還要有知識與實踐的勇氣。換句話說，你要當自己的主人，光有這個 feeling 是不夠的，「I want to be a master, master of myself.」的 fu 誰沒有？只要是人都會有！你在下課時間五點半到臺大門口去，只要站個五分鐘，大概會有一萬個人經過，你如果吹一聲哨子叫他們全部站住，然後一個個去問：「這輩子你最想要的是什麼？」我可以告訴你，一萬個人裡面有九千九百個都說他要發財。這就是夢！你如果再追蹤下去，這一萬個人裡面，有幾個發財？我告訴你，只有九百多個發了一點點小財，而眞正發財的可能才九十幾個，或者搞不好只有九個。所以我們要記住，光做夢是不實際的，如何讓夢實現，那才值錢。

要實現夢想，就要有信仰的 Power

如何讓夢實現？答案是一定要有一種指導你如何實現夢想的智慧。**在政治學上，我們把這個智慧稱為「信仰」（belief），有了信仰，才能指導你**

如何實現，我們稱為「作為」（behave）。很多人自稱信佛教或信基督教，其實都不算「信仰」宗教，只是在應付別人，或者應付自己。在徬徨的時候，尋找一個自我安慰的藉口跟寄託，甚至是在犯錯之後仍然能夠原諒自己的信仰架構。多數人如果被問信什麼教，可能會說他信觀音菩薩。我再問：「你了解觀音菩薩嗎？你爲什麼信觀音菩薩？」有人可能會回答：「因爲我爸爸媽媽信，我也跟著信。」最後你會發現，原來他不是信觀音菩薩，他是信爸爸媽媽，多數信徒便是如此。同樣的，你問有些人爲什麼上教堂，也不見得是因爲眞正了解耶穌或眞正了解《聖經》，而是因爲他們信爸爸媽媽，爸爸媽媽信基督教，所以他們也跟著上教堂。然後你去拜訪他們的爸爸媽媽，問他們爲什麼信觀音菩薩或耶穌基督，答案也是因爲我爸爸媽媽叫我上廟裡拜拜或去教堂做禮拜，我五六歲就去了。所以你的爸爸媽媽也不是信觀音或基督，而是信你的阿公阿嬤。結論是，一百個信徒裡面，眞正把一個宗教當成信仰，了解它、用它來鼓勵自己實現夢想的，可能沒有多少人。

所以我們常聽許多成功的人老是勉勵我們要如何如何，但如何了老半天，就只有肯定夢想的價值，但卻沒說要怎樣圓夢，難免感覺不耐煩，或甚至反感。前面那位講者肯定了做自己主人的價值跟快樂，但如何做主人？他自己也搞不清楚。在這裡，我要告訴各位一個簡單的實現夢想的方式。我把它簡化爲類似數學物理的方程式一樣，你必須A＋B＋C＋D＝E，那個E就是成功做自己主人的境界。**每一個步驟你都要知道，因為唯有清楚這些步驟，你才知道自己現在在哪裡，然後才知道下一步是什麼，才不會不耐煩**。首先就是Suffer，Suffer是什麼？Suffer就是受苦，是一種遇到困難不能解決的煎熬跟折磨。你想做自己的主人，表示你不自由、被束縛，所以你Suffer。Suffer的第二步要Struggle，Struggle就是鬥爭，掙扎著突破束縛，要採取行動。煎熬已經夠痛苦了，但還是要努力解決這個煎熬、打倒一切障礙。甚至要流血流淚、要花時間精力，鬥爭才能勝利！一旦你繼續堅持鬥爭下去、衝破障礙，打了勝仗，你就得到Superiority，也就是卓越的感覺與地位，我們把這個成果叫做Joy！所以我們可以把這個快樂的方程式簡化爲S+S+S=Joy，即是Suffer+Struggle+Superiority=Joy，Joy就是實現了做自己主人的快樂，代價可不便宜。

這位講者又說，曾有學生問他爲何企業家王永慶、許文龍、張榮發等人都沒有念過大學，但是成就卻不比念過大學的人差。他的回答居然是因爲他們沒有接受過誤人子弟的學校教育，才能有此成就。這句話的意思是什麼？意思是我們現在乾脆下課，攏賣踏啦（臺語：不要讀書），去追隨許文龍他們？這樣對嗎？所以我告訴各位，有時候，大師的偉大會促成你的愚笨，要小心！

貪婪，讓人看得更遠

最後，我要再詳細說明什麼是 Suffer。Suffer 就是追求欲望但沒有得到滿足，因而所導致的痛苦。也就是說，**貪婪遇到困難所引起的焦慮**。從人類開始在地球繁衍以來，地球暖化、動植物欣欣向榮、物產豐富，導致人口逐漸增多，男女不怕找不到配偶，不怕找不到東西吃，於是食髓知味，把那個貪婪釋放了。假設某個人一天只能花五塊錢，習慣了以後，他就可以五年十年都只花這個額度，甚至就這樣過一輩子。但是一旦有段期間每天給他五十塊，後來再叫他回去過一天五塊錢的日子，他肯定受不了，因爲他的貪婪已經釋放了。你沒坐過飛機出國，最遠只到過高雄，你不會有痛苦。一旦你開始坐到香港、坐到新加坡、坐到東京，我可以告訴你，你再來就會想著要去歐洲美國，欲望就關不住了。男女關係也是一樣，問問沒有交過男女朋友的人，不會覺得寂寞嗎？欸，還好啊，每天回家跟朋友嘻嘻哈哈也不錯啊。但我告訴你，一旦跟異性拉過手、打過kiss，就再也停不下來，回不去從前了。

這就是人性的邏輯，這就是人類最痛苦但也最偉大的地方。老虎一年只有兩個月發情期，在這期間，老虎都發瘋了，但是過了以後，彼此see you next year，這期間牠們絕對不會貪戀性愛之樂，公虎不再頻頻來找母虎。原因很簡單，因爲牠們沒有貪婪，只有人類才有貪婪！所以希望各位要有一個心理建設：**今天若有人要壓制你的貪婪、妖魔化你的貪婪，很可能是因為那些人自己已經得到貪婪的基本滿足。他高高在上，擁有的比你更多。他是因為捨不得現在的地位，很害怕有人搶奪他的地位，所以才叫你不要貪婪。**

像這種扭曲貪婪正面意義的騙局，我們一定要看穿它，不要上當。我們怕的不是貪婪的痛苦，而是有了痛苦卻不去奮鬥追求，或追求到一半就氣餒放棄，最後不能得到欲望的滿足，永遠不知道優越的喜悅！除非解除自己愚昧的魔咒，否則我們將永遠無法找到快樂的鑰匙。

臺灣千萬不要再從容自在

我之前看過一篇報導是前文化部長的訪談，我雖然不認識她，她的作品我也沒看過，但是我從報導大概可以猜到她的核心思想，她正是那種很標準，活得絕不 tension（緊張）的人。報導裡面描述她到香港演講，說臺灣人的好處在於不假裝偉大，自由自在地過日子，臺灣有從容的文化。我看到這段話就覺得完了，這正是我所煩惱的呀！這正是我李錫錕爲何在臺大孤掌難鳴，上課講得那麼激動、呼籲老半天，我就怕臺灣人變成這個樣子！從從容容、自由自在，結果就是鐵定失敗！爲什麼呢？因爲它完全扭曲了一個生命力擴張的邏輯過程！

如果主角換成國家，國際叢林就是一個 chaos（混沌、混亂）。然後在這團混亂裡面呢，我們的自我認定千萬不可以一開始就很悲觀，假設自己就是等中國來統一，假設自己就是跟在美國日本屁股後面走。這個叫自我認定嗎？不是！真正的自我認定是我今天既然叫主權獨立的國家，那我就是一個完整的國家，就算全世界都沒有人承認我，我也依然是一個國家啊！

講誇張一點，就像即使全世界都不承認李錫錕是個人，李錫錕也還是人啊！我不能說因爲你覺得我是狗，我就覺得我也是狗啊！我要先覺得自己是個人，就算你們現在看不起我這個人，可是我很努力地一步一步往前邁進，那我最後不但是個人，我還是個傑出的人！我不但是個人，而且我還是個大人！你們相對都是小人！小人不是罵人的概念，而是你們相對我來說，格局就比較小。所以你就可以知道，爲什麼現在臺灣情況會這麼糟，因爲我們從從容容、自由自在，連自我認定都不敢啊！

自由自在，從從容容的生活多好啊。
…
只有享受沒有奮鬥，扭曲了人本來的生命力！

III

第三章

無所不在的 Power

III

苦難的Power
——沒有掙扎，就沒有重生

如果沒有Suffer（痛苦），你怎麼會去Struggle（奮鬥）？如果你沒有Struggle、沒有克服障礙，又如何能得到Superiority（優越）？我認爲這三個S就是政治學裡一個「激發生命力的方程式」。也就是：先Suffer（痛苦），後Struggle（奮鬥），再Superiority（優越）。

Power錕的3S定律

常常會有家長跟我說：「唉呀教授，我家小孩上了臺大之後，也不用功讀書，整天在鬼混，這樣將來鐵定沒出息，該怎麼辦才好？」我回答，這就要看情況，如果他們運氣太好，那很有可能眞的會沒出息。家長聽了都覺得很奇怪，問爲什麼運氣好會沒出息呢？我告訴他們，如果他們的小孩運氣都很好，大學四年玩一玩、晃一晃，也就順利畢業。再玩一玩、晃一晃，也就找到工作，領到還能生存的薪水。最後再玩一玩、晃一晃，還結婚生子，那他的一生就這麼幸運地結束了，這就算是沒有出息，因爲很平淡，沒有亮點。家長再問，那怎麼樣才算有出息？我說，當他學分被當、談戀愛失敗、找不到事情做、甚至被二一退學，遇到了這些人生的苦難和打擊之後，那麼，他就「可能」會有出息了！爲什麼說「可能」？因爲他也可能選擇跳河！但是各位要知道，**一個人常常就是在選擇跳河自殺還是要克服困難、向前奮鬥時，才會面臨他人生的重要轉捩點**！沒有遇到這個轉捩點，我們會主動上進嗎？會主動積極克服困難嗎？顯然不會。如果沒有Suffer（痛苦），你怎麼會去Struggle（奮鬥）？如果你沒有Struggle、沒有克服障礙，又如何得到Superiority（優越）？**我認為這三個S就是政治學裡一個「激發生命力的方程式」。也就是：先Suffer（痛苦），後Struggle（奮鬥），再Superiority（優越）**。它們之間的因果關係，就是在人與人之間如何展現生命力的黃金鐵律！違背它，你將處處碰壁，沒有出息！也就是說，想要有出息，那你就必須立志迎接痛苦、投入奮鬥，才能獲得優越的喜悅，充分發揮生命力的Power。這個3S定律不但適用個人，也適用於國家社會，因爲國家也是個人組成的群體。

國家其實就是一股集體的生命力，這些人的信仰內涵，就是文化。文化因爲涉及對生命力的詮釋與指導，所以會影響國家的命運。以中古歐洲人爲例，他們信仰基督教，遵循其所衍生的戰爭文化，但黑死病爆發之後，連神職人員也不能倖免。可以想像，神的代理人本來是該保護人民的，但現在連自己都沒有能力保護自己，人對神的信仰當然動搖了。之前，你遇到痛苦，就會跑去教堂對神父告解，訴說你的痛苦，神父自然也順著你的話去安慰你，於是你覺得痛苦好像消失了，快快樂樂地離開教堂。想想看，這種處理痛苦的方式，怎麼可能產生要自己發揮生命力去奮鬥上進的心理？自然也就無法使自己變得更優越了，而唯有起身奮鬥，才能如同第一章所述，讓人找回自己，眞正開始發揮生命力。

先有打擊，才有Power

你可能聽過一個說法，就是當我們得了小病，例如小感冒之類的，盡量別吃藥，只要多喝水休息，讓體內的免疫力來戰勝病毒。這樣一來，你的抵抗力就會越來越強，這也是前述3S定律的道理。幾千年來，不管是基督教、回教，抑或佛教、道教，人們幾乎一直依附在宗教的保護傘之下，就好像溫室裡的花朵，即使也能綻放，但一旦面對風吹雨打，就活不了了。像是我們所豢養的動物，不管是拿來當食物還是寵物，我們一律將牠們稱爲家畜。其實不論是東方人或西方人，在被宗教支配的時期，人們在精神上缺乏自我奮鬥的意志，何嘗不是另一種家畜——「家畜人」！但是西方遇到了黑死病這個大浩劫，算是不幸中的大幸，徹底讓他們產生思想上的反轉。他們擺脫了宗教的枷鎖，不再把宗教當成心靈唯一的寄託，自我的生命力不再受到壓制，而是讓它釋放出來。要探討爲何西方某些強國今天能夠主宰整個世界，最深層的原因就是因爲他們受了重大的 Suffer，擺脫了家畜的命運，釋放了自力更生的生命力，改造了自己的路！很遺憾的是，很多亞洲國家的人民，包含臺灣在內，都還在當「家畜人」，且渾然不自知。也許是因爲太幸運，沒有遇到類似黑死病的浩劫，也就沒有機會領悟到這個道理，相當令人惋惜！

創意是Power的展現

我有個羽球球友很驕傲地告訴我，他兒子在讀最熱門的資工系，將來要投入創新領域，將來前途無量……我說，這年頭資工系畢業生幾乎都順利到科技公司上班，很少自己創業，爲何你兒子膽敢去創業？他說，我兒子很乖，都聽我的，我叫他去創業，他就會去創業……我聽了，眞是哭笑不得。這年頭創新、創意這類名詞非常地熱門，食物有創意料理、房地產廣告叫文創特區，好像不管什麼東西只要加上「創新」「創意」的詞彙，就一切OK！其實根本是本末倒置，因爲「創新」「創意」並不是透過說服或模仿就可以實現的。就像有些人會炫耀自己花了上百萬美元跟股神巴菲特共進午餐，彷彿跟巴菲特吃過一餐，他就能變成巴菲特，也就能立即賺大錢，箇中道理是一樣的荒謬。

臺灣也是一樣，國科會要設立創新小組、文化部要成立創意團隊、學校要廣開創意課程，好像我們的下一代就只要在這些充滿「創新」口號的環境中成長，就能夠創造出更多新觀念或產品。殊不知，創造力從來就不是外在的現象，而是內在生命力的運作。創造力的第一步不是知識的傳播，而是意志力的鍛鍊！這個鍛鍊就像是跑步訓練，一開始跑十公里，接下來可能要休息三天，但持續鍛鍊，休息時數就能逐漸縮短爲一天，甚至最後只要休息半個小時就可以。心智唯有不斷地受到刺激、鍛鍊，創造的Power才會越來越強，創造越來越多的產品。這樣說或許很抽象，但實際上，今天你看到的任何一項發明，哪一個不需要昨天數不盡數、難以承受的 Struggle 之苦啊！

總而言之，我想告訴各位，大家都知道「天下沒有白吃的午餐」這句話，但其實不只午餐啊！你要成功就要付出代價、想要有創意同樣也要付出代價，想要快樂幸福，能不付出代價嗎？創意是一個人從內心散發出來的力量，就好像你聞到牛排的香氣，一定是來自一片上等的牛肉。我們不能只要香氣而不要牛排，或者不給孩子牛排卻要孩子擁有香氣，這樣怎麼可能「創新」成功呢？

苦
苦
苦
苦
苦
苦
苦
苦
苦
苦
吃得苦中苦，
方為人上人！

小確幸的Powerless
——活著就要鬥爭的政治學

奴隸類型的生活方式，第二個特性就是愛貪小便宜、享受小確幸，以微小的快樂來麻醉自己，使自己忘記大煩惱。他們爲什麼不愛大便宜、大確幸？是他們太謙虛，野心太小嗎？不是，很簡單的原因在於想要大便宜、大確幸，就需要強大的Power、必須克服更大的Suffer，而他們不願也不敢選擇！

人的內心世界可以分成兩種類型：**一種是主人型，一種是奴隸型**。主人型是哪種人呢？就是不斷地讓自己「自我再演化」的人，也就是說，一個不斷地讓自己升格再升格的人。這種人不論從事任何行業，他永遠居於領先地位，因爲他不願意落在別人後面。自我再演化的邏輯就是按著黑格爾不斷正反合的辯證發展，也是人類生存本身持續不斷的「Suffer－Struggle－Superiority」的流程，這就是主人型人物所信奉的法則。

反之，奴隸型的人也會 **Suffer** 與 **Struggle**，不同的是，他的目的是有限的，換言之，只是爲了求生存，而這其實比較接近動物本能，動物爲了生存也會 **Suffer** 跟 **Struggle**。舉例來說，有種人很努力賺錢，銀行存款越來越多，但是在人跟人之間的關係上，他不在乎你稱讚或毀謗他，他小氣刻薄，但是自認爲無求於人，這樣的人眞的快樂嗎？天曉得！但是他的生存目的達到了。

我認識一個財主，據說身價超過十億，住在我家附近。有一天，我親耳聽他證實他在美國聖地牙哥擁有一家快五十間房間的摩鐵。光那家摩鐵，他一個月就可以賺到近兩百萬臺幣。這個人的妻兒老小都住美國，自己在臺灣獨居，活不到六十歲就死了，鄰居都說是因爲營養不良，因爲他每天只吃五十元以下的便當，甚至三十五元更好，過年過節也只不過加碼吃個百元快炒。他老兄騎的腳踏車破破爛爛的，但他認爲這樣就足夠使用，不在乎你稱讚或毀謗他。他沒有優越感，我不相信他快樂，他只是在生存而已。他這麼小氣，我也不認爲他的太太小孩會愛他，這眞的是一種很奇怪的生存方式。我認爲，他就是屬於奴隸類型的人。

一個人過著奴隸類型的生活，表示他選擇了奴隸型的生命模式，他只求生存，不會爲了追求優越來鬥爭。選擇逃避優越並不代表無法生存，只代表他面對生命力升格的挑戰時，選擇了投降，而投降只會導致哀傷，哀傷就是一種 **Suffer**！面對又要投降、又不想 **Suffer** 和哀傷的困境時，尼采認爲奴隸型的生活方式會呈現出三個特性，用以壓制或轉移他們的 **Suffer**。

奴隸型生活的三個特性

第一個特性是勤勞，但是勤勞的內容只是一直重複，內容本身則毫無改進之處，尼采稱之為 mechanical activity，也就是「機械性活動」。有些人，尤其公務員，上班上久了，最不喜歡變動，因爲變動就要重新學習。例如電腦化時代來了，需要學電腦，他們覺得太辛苦，就說不幹了。我以前當兵的時候，陸軍總司令郝柏村覺得軍人的腳力不行，走不到幾公里就東倒西歪，就下了一個命令，把帆布袋做成了條狀的沙包，讓軍人綁在小腿走路。因爲很重，很多人走得舉步維艱，但一把沙包拿掉，頓覺身輕如燕。當時部隊裡面罵聲不絕，直說莫名其妙，打仗是靠槍，又不是靠腿力。可以想見一般人連綁個沙包增強腿力都不願意了，更別說要叫他整套作業電腦化。

改革先要 Suffer，很多東西要重新調適，但是當一個人已經習慣於「機械性活動」，一直重複所做的事，他做得輕鬆愉快，當然拒絕進步。再舉一例，美國外交部門也是一樣，國務院早就習慣一中政策，把中國視爲大老婆，臺灣就是小三，這都是他們很習慣的思維模式了。然而，當川普總統上臺後突然要檢討一中政策，你知道嗎？這樣一來，國務院就會有人失業了。不要以爲美國國務院很嚇人，其實全世界的公務員大都是奴隸類型的人！這些人一旦進入公務員機關裡，侯門一入深似海，就把「機械性活動」當成自己唯一的生活方式。他害怕改變，拒絕學習，因爲學習就要忍受痛苦。

貪圖小確幸，害你不敢追求大快樂！

關於奴隸類型的生活方式，第二個特性就是愛貪小便宜、享受小確幸，以微小的快樂來麻醉自己，使自己忘記大煩惱。他們爲什麼不愛大便宜、大確幸？是他們太謙虛，野心太小嗎？不是，很簡單的原因在於想要大便宜、大確幸，就需要強大的 Power、必須克服更大的 Suffer，而他們不願也不敢選擇！

我在臺大有一位女學生，外型亮麗，成績不錯，還在念書就參加服裝走秀，是校園男生流口水的目標。有次一位男學生拜託我介紹他們認識，我罵他太膽小無用，爲何不去直接認識她？小男生終於鼓起勇氣自薦，女生一聽到他是我學生，也就大方和他來往。幾個月後，我在椰林大道巧遇那位女學生，她卻和另一位男生並肩而行，而且狀極親密。她說：「老師，我們可否私下講幾句話？」然後把我拉到旁邊告訴我：「對不起，我覺得和某某個性不太合適，不過還是要謝謝老師給我們機會認識……」也沒有多說分手原因。不久之後，那位男生跑來找我，垂頭喪氣地說：「我怎麼死的都不知道，明明好好地卻告訴我個性不合，宣布不再來往……」我細問之後才知道原因所在，原來是因爲女生嫌他是「小確幸的料」，拒絕深入交往。據男生描述，有次女生很認眞地問他：「假設我們將來結婚，你要如何疼愛我？」男生回答：「我也不貪心，只想當個上班族，領著不錯的薪水，除了買房子，每週至少兩次帶妳去好餐廳吃飯，每個月買幾件衣服，每年至少兩次出國旅遊……」女生聽完不發一語，次日宣布斷交。

當時我立即告訴那位同學：「你不是輸在誠意與愛不夠，而是輸在道不同不相爲謀，她認爲你是奴隸類型，而她顯然拒絕與你同類！」

年輕人談情說愛，本來就是與現實脫節的，追求者不是在提供現在的條件，而是提供理想與夢想，並邀請對方共同實現，這就是爲何校園戀情被認爲最美的原因。這個男生用小小的物質承諾企圖吸引女生，殊不知另外有位小開可以用更豪華的承諾（承諾甚至可以馬上兌現）來吸引對方。顯然，這個女生要的是「大確幸」，就算男生是吹牛求愛，她要的也是吹大牛。可憐那個男生，只敢吹小牛，根本沒有吹大牛的勇氣與格局，終於被女方定位爲「奴隸類型」，當然求愛被拒。

假設有一個小孩對父親說：「我將來要努力賺錢，父親節買一架私人飛機給你……」無論父親相不相信，都一定很開心。如果小孩對父親說：「我將來要努力賺錢，父親節買一輛摩托車給你……」即使父親相信孩子一定做得到，但是難保沒有失望。怕變動、怕吃苦、怕野心、怕犯錯，只願意在安全的環境中做著一再重複的工作，這就是奴隸類型的生活方式。他們不敢追求大快樂的喜悅，只好靠著小快樂來麻醉自己，尼采稱之爲「小娛解愁」（petty pleasure）。

每到年終尾牙，公司總會聚餐同樂，若是大公司，不但舉辦大型晚會，還提供各類摸彩獎品。哇！第一特獎是現金二十萬，第二特獎是五十吋電視一臺……你看臺下那些員工等待摸彩揭曉時，那種焦慮的期待和貪婪的眼神，那就是奴隸的特徵，他們在等待討小便宜啊！

有一個畢業的女學生告訴我她要離婚，問她爲什麼？她說她實在無法忍受老公總是把辦公室剩下的泡咖啡的牛奶帶回來喝，都是再過一天就過期的。而且一天到晚收集餐廳的集點折價券、信用卡提供的優惠方案等……其實，這不是對錯問題，而是一個人對活著的態度與抉擇反映在生活細節上的問題。尼采會笑他太小氣：剩的牛奶應該留給員工喝，爲何不立志開一家百貨公司呢？可是我告訴你，這種話，升斗小民是聽不進去的，能用則用，能省則省，有何不對？大多數的人都是這樣啊？舉個例子，突然放了一天颱風假，結果沒有颱風，多數人都好開心啊，好像占到大便宜。但仔細想想，放了一天颱風假結果沒有颱風，請問你在高興什麼？你的一天還不是浪費掉了？

美國有個退稅季，在報稅後的幾個星期之內會收到溢繳的稅金，有的人退幾百，有的人退幾千。那段期間，百貨公司總是客滿，因爲大家都拿退稅的錢去血拚，彷彿那些錢是天下掉下來的橫財，但其實明明都是自己賺的血汗錢啊。我可以告訴各位，這些都是尼采所謂的奴隸類型。他們就是會一直需要這些小小的快樂，好藉此忘記大煩惱。所以當一個人對小快樂漫不在乎的時候，那他確實就有大煩惱，因爲他想追求的是大快樂。一個靠小確幸就滿足的人是不可能得到大快樂的。

人生不能靠別人取暖

奴隸生活的第三個特性就是熱愛成群結黨。成群結黨真的很爽，可以暫時忘記每一個人的短處然後互相吹捧。反過來說，一個人如果選擇單獨面對自己，有可能會整晚睡不著覺，為什麼？因為當他回顧過去、將來都一片茫然，現在也不知道該怎麼辦。那種 Suffer 是多數人害怕而想逃避的。對多數的凡夫俗子而言，一群人晚上先吃個飯、喝點小酒，再到KTV唱歌到兩三點，不是很爽嗎？成群結黨永遠是這些人忘憂解愁最好的方式。有人遭遇不幸，我們會打電話給他，問他是否需要我們陪伴，爲什麼？因爲想要幫助他忘憂，好像如此一來就可以解決他的不幸一樣。但其實沒有解決啊，只是暫時忘記，明天還是會來啊！於是我們又說明天再來陪你……這就是一群奴隸類型的人解決不幸的方式。

所以我常問人：「你朋友多不多？」如果對方說我朋友算一算五六十個沒問題，我會說，他是一個奴隸類型的凡人！理由爲何？因爲朋友多，表示你是成群結黨的類型，你不太可能有時間去體驗痛苦，因爲朋友早就安慰了你，甚至幫助你解決了問題，反而讓你無法發揮生命力。尼采有一句名言：「當一個人學會愛他的敵人，恨他的朋友，他就可以開始往更高層次轉型。」這句話是什麼意思呢？因爲你的朋友永遠縱容你，永遠讓你開心，永遠分擔你的 Suffer。如果沒有他們，你努力撐下去，本來是可以轉型的，因爲他們，你不必撐了，當 Suffer 一消失，你難道不恨自己沒出息嗎？是朋友使你無法走向 Superiority 之路，所以朋友也就變得可恨了。《三國演義》的卷首詞是「是非成敗轉頭空，青山依舊在，幾度夕陽紅」，詞的結尾又說「古今多少事，都付笑談中」，我懷疑作者可能就是一個成群結黨、相互解悶、彼此消除Suffer的傢伙！尼采有一個嚴肅的笑話，他說，我們身爲人類，看到猴子會感到尷尬和好笑，因爲我們無法想像我們是猴子演變而來的。但是同理，有一種超越人類的人類（他指的是overman，亦即「超人」，最優越的人），他看到我們，也會感到尷尬和好笑，因爲他也無法想像他是從人類演變而來的。

走向優越之路

既然一般人大多屬於奴隸類型，只會追隨享受優越之人所創造的價值，那麼這些創造者是誰呢？這就是尼采所說的主人類型的人了。

主人類型的人了解生命力的來源不但是先天的，更重要的是後天的栽培，這種栽培的過程沒有止境，也就是說，生命力的發展是無限的。主人類型的人遵循Suffer－Struggle－Superiority的法則，逢山開路，遇水架橋，把遭遇困難的痛苦，以堅強不移的意志奮力鬥爭，終於克服困難，得到勝利的喜悅，那是一種優越感的喜悅。

尼采的走向優越之路採用了黑格爾正反合的辯證發展法則，提出「現狀（being）－克服（overcoming）－蛻變（becoming）」三個轉換階段，分別以駱駝、獅子、嬰兒的不同本質來說明生命力發揮的程度。他有一句名言：「人之所以爲人，就是應該克服自己。」一九六〇年代美國的民權運動領袖馬丁．路德．金恩也有一句名言「We should overcome.」，意思是「我們一定要克服」，其實就是抄尼采的。所以任何一個現狀，無論是人類，或任何生命的現狀，都只是一個存在的進行式。假設你現在是臺大學生，現在就是 being a NTU student，但你都沒有缺點要克服嗎？你有沒有 Suffer 呢？你每天都像三歲小孩般甜美地睡著嗎？你有沒有失眠過？你有沒有遺憾？爲什麼不克服這個遺憾呢？一旦克服成功，成爲新的人，就是蛻變，也可以稱爲轉型。**人就是要不斷蛻變，使之成為一種信仰**。在歐洲近兩百年來，這種信仰不斷被宣揚與實踐，並與基督教的保守勢力抗衡，試想，基督教怎麼能贏得了它？

擴張的反面

不過，今天世界上所有的重大紛爭與災難，是由誰引起？也是歐美國家不斷的「現狀—克服—蛻變」過程引起的。歐美國家為了經濟發展與軍事擴張，克服了科技的障礙，卻帶來了環境的災難與政治的不穩。今天地球為什麼暖化？海洋為什麼這麼髒？難道是印度人隨地大小便造成的嗎？我們都知道，全球垃圾製造量最大的是哪國？是美國。汙染地球的總冠軍是誰？是美國。所以最後應該是誰要出來負責解決？是美國才對！可怕的是，最後毀滅地球的元兇，可能就是這些世界第一強國。而更可怕的是，最後留在地球苟延殘喘、民不聊生的，不會是他們，因為他們早就準備移民到另外一個星球去了。不過，我們不希望這就是人類的宿命，千萬不要讓這樣的惡性循環形成一股新的宿命論。

UPhone
開賣
我搶到最新的包包了！
眼裡只有物質的小確幸，沒有辦法得到大快樂！
偷藏

樂觀的Power——曹操、毛澤東、川普的人格特質

眞正的樂觀是什麼？是你在面對挑戰的時候，對哀傷處理的一種正向思考，也就是在面對會導致你哀傷的事件時，你選擇正面看待，這才叫樂觀。

樂觀是一種可以開發培養的潛力

大家想想看，我們國家是不是常常遇到一點意外事件就大驚小怪呢？大驚小怪也就罷了，之後卻還是遲遲沒有解決問題。先不比其他歐美國家，就以我們鄰近的亞洲國家日本來看，遇上了二〇一一年的福島核災，這麼重大的災害，他們可是處變不驚。我們要知道，光是第二次世界大戰，日本軍民就死了數百萬人，德國也是死了數百萬人，看看這些國家，他們是怎麼撐著在廢墟中重建，然後再度恢復成強國？難道同樣身爲人類，他們有哪裡跟我們不一樣、眞的比較優秀嗎？當然不是！我們若從科學上去解釋，無論是面對哀傷或快樂的處理方式，甚至之後繼而產生的創造力，其實都是一種能力，我們的這種能力只是被環境因素所干擾，使我們誤以爲自己沒有，如此而已。其實每個人都有，差別僅在於有沒有被「喚醒」「刺激」出來。

最近心理治療領域出現一種新的「虛擬實境療法」，極可能成爲未來醫界治療創傷症候群的重要方法。緣起於過去十餘年，美國先後派兵一百萬人次赴中東作戰，數十萬退伍軍人因爲難忘戰場殘酷景象或痛失袍澤，出現嚴重的創傷症候群。新療法不但不設法幫助患者忘記創傷，反而要他們目睹更殘酷的災難情境，例如空難現場或二戰猶太人被屠殺的紀錄片等，要患者比較之後發現：「我的遭遇其實不是最糟的……」並因而重新建立自信。

虛擬實境療法簡稱ＶＲＴ（Virtual Reality Therapy），是根據一個假設而研發出來的：亦即人類過去的歷史紀錄會「蝕刻」在基因之中，我們對環境的反應能力其實是受到祖先對環境反應的經驗所影響。更具體地說，由於祖先歷經了大小災難的嚴酷考驗，使我們的基因早就具備「處變不驚」的能力，只是這個能力久不使用，產生類似冬眠的現象而已。讓病人面對災難影片，等於直接喚醒「處理災變」的本能。也就是說，**人天生就具備「樂觀」的潛力**，有人很早就被開發出來，但多數人都被環境因素所遮蔽，就像一顆蛋的蛋黃被蛋白覆蓋，如果蛋白層太厚，蛋黃反而隱藏了。藉著這個比喻，我們可以得知，人的樂觀勇敢其實是生物求生本能的特質，人皆有之。

我們因爲擁有這個本質，所以更會羨慕樂觀勇敢的人、更會對他們有感覺，這也就解釋了爲何往往這類人更容易成爲人類社會的領袖。畢竟他就是樂觀勇敢的象徵，現在的他，就可能是「明天的我」啊！

越大的哀傷背後，有越大的快樂

所以，平常面對哀傷時，不要避免它。你也不可能把它去除掉，要學習處理它。人爲什麼會哀傷？因爲恨得不到愛，或者失去了愛；如果你克服了哀傷，你就會得到快樂。恨越深，你克服的哀傷越大，你得到的快樂也就越大！所以你一聽完可能恍然大悟：**從今以後，我不但不要怕哀傷，反而要歡迎哀傷了**！當你看到大家都在因爲哀傷而苦惱的時候，你反而會同情他們，甚至哈哈大笑，因爲你知道「克服哀傷，就會有快樂在等著你」的定律！我們的經典名著有沒有這些例子呢？眞的就有。有一部經典的章回小說叫做《三國演義》，裡面最知名的角色當然就是曹操、劉備和孫權。書中講到赤壁之戰，曹操本來幾十萬大軍南下，結果被劉備和孫權聯手打得慘兮兮。曹操在逃跑時，逃到了一座山谷下，不知爲何，他竟然在馬上哈哈大笑！那時部屬們已經很狼狽了，士氣低落、又冷又餓，就問他：「丞相何故大笑？」曹操說：「劉備和孫權終究是不如我，如果是我，一定會在這座山上埋伏一支軍隊。」想不到話沒說完，突然殺聲震天，埋伏的軍隊眞的衝出來了，曹操看到，痛罵一聲，急忙逃命！結果又逃到一條河邊，曹操再度大笑，說：「如果劉備和孫權在這邊再度埋伏一支軍隊，我就完蛋了。」沒想到河岸邊眞的又跑出埋伏，曹操再度狼狽逃跑……軍事上有一句名言：「可以輸掉戰鬥（battle），不能輸掉戰爭（war）。」曹操在赤壁之戰敗了，只是敗了戰鬥。我們要注意的是，曹操之所以是曹操，就是他那種無論在什麼困境，都能樂觀看待困境的心態。他把遇到的困難，當成是智慧的挑戰，甚至還站在敵人的立場去思考，難怪最後替三國統一奠定了重要基礎。

我們再回來看比較近代的例子。當年國共內戰，國民政府的敵人自然是共產黨，共產黨的頭頭是毛澤東。一九三〇年代，中共勢力居於下風，毛澤東帶著部屬從江西跑到四川再跑到延安，這段逃跑之旅的結果是中共贏了，美其名爲「兩萬五千里長征」，但其實是「兩萬五千里落跑」！不過，毛澤東最後爲什麼會贏？你只要看他在挨打的過程中，騎著馬經過千山萬水時，還能夠即興地吟詩作對，那種樂觀有多麼氣派，那就是贏家所具備的特質！你說毛澤東當時心裡有沒有恐懼？當然有啊！如果是曹操那個時代，中了埋伏頂多是被石頭、弓箭攻擊，搞不好還有時間可以逃跑。但毛澤東的時代，一有風吹草動，可能就是飛機丟炸彈了，一下子就全軍 say good-bye 啦！他的樂觀不氣派嗎？

各位要注意，有人動輒說我每天都很快樂之類的話，就被認爲是很樂觀的人，那不是樂觀，那叫做三八觀！**真正的樂觀是什麼樣子？是你在面對挑戰的時候，對哀傷處理能力的一種正向思考，也就是在面對導致你哀傷的事件時，你選擇積極看待，這才叫樂觀**。有一個故事是這樣說的：甲先生、乙先生遇到意外狀況在沙漠中被困，口乾難熬之時，突然撿到半瓶子的水。甲先生喊：「我的天啊！有半瓶水耶，我們得救了！」然而乙先生卻喊：「我的天，才半瓶水怎麼夠喝呢？我們死定了！」這個故事中的甲先生就是一個樂觀的人。所以樂觀到了極致，那可能是你錢也沒有了、身體都快完蛋了，你還是樂觀，爲什麼？因爲老子我還在呼吸，只要還在呼吸就有希望！這種氣派，不是每個人都能有的！

選擇Power，才能衝破困境

再回頭看看政壇，就以大家最熱中的選舉爲例。除非是政黨的死忠分子，否則不分黨派，人民都漸漸對於認眞選舉這件事情感到麻木、消極，拒絕去思考：「我們選了一個領導人出來，到底期望他帶給我們什麼？」純以單獨個人的角度來看，很少人眞的因爲「我這一票會帶來大局的改變」而去選擇一個值得信賴的人！換言之，**要選擇一個領導者，就要看他的個性和價值觀是否能讓人民相信他能夠有意志力與執行力來解決國家社會的問題**。如果我今天選出一個領袖跟曹操一樣，遇到困難就爽朗地哈哈大笑去面對，我們跟著這樣的人，即使有困難，相信最後也會變成沒困難。同樣的道理，你看二戰的英國，爲什麼會選一個生活過得亂七八糟、抽菸又酗酒的邱吉爾？記得當時的倫敦被德國炸得殘破不堪，有百分之七十都幾乎被夷爲平地。結果他去巡視的時候，還抽著根雪茄，對大家比出「V」字的勝利手勢！邱吉爾要讓英國人民相信什麼？就是相信他樂觀勇敢的個人特質，他要讓大家覺得只要邱吉爾在，Everything will be okay! 再看看我們的總統，不論黨派、不論男女，即使常常在重要場合亮相，給人的感覺都只有溫文儒雅，甚至有點畏畏縮縮，就是沒有樂觀勇敢的領袖該有的氣勢！與其選這種「衰相」，我們倒不如選一個大搖大擺、天不怕地不怕的領袖出來嘛！事實上，今天還眞的有這種趨勢，例如菲律賓杜特蒂、美國川普、俄國普丁等等。我們可能覺得川普是個瘋子或狂人，但這位老兄樂觀勇敢、不屈不撓的個性是不容懷疑的。堂堂民主大國的美國人民爲何選了一個狂人當總統？當然有很多因素，但其中很重要的，就是川普釋放了「有老川在，一定都搞定」的那一種勇敢，可以讓美國再次偉大的訊息。「樂觀」，很可能是他之所以能當選的眞正深層理由。

再以日常生活爲例，如果有個爸爸，家裡經濟不是很富裕，當小孩子開學需要註冊費，他會用盡一切方法籌措，甚至去跟他討厭的人下跪借錢都有可能，因爲孩子是無辜的。湊出錢後，小孩從爸爸手裡拿錢，這個爸爸是要哭哭啼啼給小孩說教一番，還是要拍拍小孩的肩膀說「不用擔心，一切爸爸都會搞定」？如果是後者，那我可以告訴你，這個家庭以後一定朝氣蓬勃、充滿希望，就跟前面講的道理是一樣的。所以你要知道，一個國家的命運，和人民選出來的領袖的個性密切相關，我們不可能也不必要選一個十項全能、三頭六臂的超人來當領袖，而是要選擇一個具備樂觀勇敢人格特質的正常人！一個領袖的人格特質終究會影響到國家的命運，且看我們歷屆的領袖，不管中央地方，都傾向最中庸、最溫吞的人，不是說這些特質不好，而是一個領導人如果太偏向這些特性，卻缺乏擔當、無力衝破國家社會的困境，國家發展自然就會每況愈下。從邏輯來看，我們其實不能怪這些領袖，而是要怪選民自己，因爲是我們自己的選擇能力有問題！所以最終還是回到我們自身——也就是有能力選擇一個能夠改善我們命運的領袖，才是一個有 Power 的人！

赤壁之戰曹操打輸了，落跑到一半……
丞相何故大笑？
如果劉備孫權在這裡埋伏，我就完蛋了，好險……
竟然！
……沒關係，我走！
劉備
孫權
這就是曹操之所以是曹操！
真的很樂觀呢！

統治的Power
——肛門細胞造反的省思

我們一直讓肛門細胞做同樣的事，讓嘴巴細胞也一直做同樣的事，卻讓腦細胞一直高高在上，爲何細胞們不會生氣，甚至叛變？答案是：因爲大腦透過神經系統，傳達了它對全身細胞的關懷與愛！

如果有一天，肛門細胞也可以變腦細胞

從政治學的觀點而言，世界上的人口分成三個等級：上層的統治階級、中產階級，以及群眾階級。同樣的邏輯套用在人體系統上，腦就是統治階級、器官就是中產階級、細胞組織就是群眾階級。從細胞的角度來看，這公不公平呢？實在不公平！生物系統論指出：細胞隨著數量增加然後開始分工，逐漸形成一個模式，或稱細胞分殊化，有些細胞升格成腦細胞，養尊處優，外面有全身最硬的殼包住，就像總統府周圍有一層一層的警力保護，你看，多不公平！有些細胞則演化成特殊器官，如心臟、肝、肺等。還有一些，很不幸地，最後變成肛門細胞。當肛門細胞很嘔嘛！每天什麼事都不能幹，只能過濾大便。按照今天民主政治的觀點來看，政黨輪替，肛門細胞可不可以也翻個身成爲腦細胞呢？不然，太不公平了吧？

當然，這只是很有趣的假設。我們一直讓肛門細胞做同樣的事，讓嘴巴細胞也一直做同樣的事，卻讓腦細胞一直高高在上，爲何細胞不會生氣，甚至叛

變？答案是：**因為大腦透過神經系統，傳達了它對全身細胞的關懷與愛**。一根針刺一下手指頭，大腦馬上就知道，並且有所反應：怎麼啦？沒事吧？難怪全身細胞都甘願做牛做馬，爲腦細胞賣命！

是不是每一個大腦都是英明的領袖？那可不一定。舉例來說，有人得了痔瘡，也就是肛門細胞生病了。生病的原因很多，其中一個就是：大腦的指揮能力有問題，它讓胃亂吃東西，沒有充分休息，造成消化不良，缺乏運動……等到問題變嚴重，腦中央才慌了手腳。萬一得了惡性腫瘤，那不就是肛門細胞已經造反（或被外力入侵）了嗎？可見個人生命體系和國家政治體系運作的原理是類似的：個人最小的組成單位是細胞，而國家最小的組成單位是個人（人民）。大腦沒有好好照顧全身的細胞，細胞會造反；國家統治者沒有好好照顧人民，人民也一樣會造反。細胞造反，人會生病甚至死亡；人民造反，國家會動亂，甚至滅亡。

還不快挖大便！
肛
肛
肛
我要革命！
肛
肛
抗議
肛
肛
腦沒有好好照顧全身細胞，細胞會造反！
腦是個好東西，希望人人都有。

土包子的Powerless

——不會帶人的領袖，就是進步的阻礙

沒有Power的人（或國家）最喜歡的口號是：「我們要爭取朋友的同情……」從政治知識的角度來看，這根本是可憐蟲的喃喃自語，除了沒有用處，還會遭人鄙視。同情無法發展出友情與合夥關係，只有具備鬥爭的能力，才有合作的資格。

年輕不是問題，缺乏政治Power才是問題

以前臺大有個政治系畢業的校友，參加了當時陳水扁總統的競選團隊。國民黨很嫉妒他，毀謗他們是童子軍治國，說天下快要大亂啦！他們主要是罵陳水扁總統的團隊太年輕，都是二三十歲的人。但是我要說，年輕根本不是問題，問題在別處！其實我也不認識這個人物，直到有次看到他被民視專訪，他說：「我在臺大很少上課，在臺大政治系學不到東西，他們教的那些基本上沒有什麼用。」我才恍然大悟，知道他的問題所在了。今天有些人罵別人年紀輕輕就掌握權力，會以「童子軍治國」來形容他沒有治國能力，不過，其實創造歷史的人很多都是二十幾歲。統一義大利的燒炭黨成員平均年齡只有十八歲，黃花崗烈士平均不會超過二十五歲，美國革命當時的骨幹人物中很多都是二十幾歲！所以年輕人千萬不要氣餒，**創造歷史不是年齡問題，是邏輯問題，是本領問題，也就是你有沒有知識的問題！**陳總統團隊多屬學生運動領袖出身，學經歷其實很單純，能給陳總統的建言以及替他處理政治問題的能力頗受

質疑，所以至今在政界仍有一席之地者不多，但這完全與年齡無關。

我們要關心的重點是，土包子治國才是最嚴重的問題，而不是童子軍！今天無論治國者出身高低，無論年輕或年老，都不是重點。最令人害怕的不是出身或年紀，而是缺乏政治知識，淪爲土包子治國！什麼是土包子？我指的絕對不是那些人的專業領域表現不好，他們每個人的專業領域可能都很亮麗，又是麻省理工、又是哈佛，又是名律師、名科學家的。

所謂的政治知識，是指對於「權力的基礎科學」的認識。它未必一定要從讀書得到，也可以從經驗取得。拿破崙曾說：「我的後代子女們不論選擇什麼行業（專業），我規定他們『一定要』熟讀歷史與哲學（這裡指的即爲政治知識）。」舉另外一個例子，春秋戰國時代一位大將軍吳起，幾乎所向無敵，是有名的戰爭英雄。據說當時的母親們一聽到兒子要跟隨吳起打仗，便當場痛哭：「我再也見不到兒子了，因爲他一定會爲吳起犧牲自己的生命……」吳起爲何能夠讓部下士兵勇敢赴死？這就是吳起的政治（領導）知識。古代可沒有大學或研究所，吳起應該是憑自己的聰明才智與實際經驗領悟而得到政治知識，就像漢高祖劉邦即使是「里長」出身，同樣能統率三軍。

不會帶人，不懂政治的土包子

再說清楚一點，所謂土包子，就是沒有「帶人」的知識，也就是我們今天很流行的用語「人格魅力」，英文叫做「charisma」。有人格魅力的人，學經歷未必高，但必定有一個特點：他們不但有同情心，而且有同理心，兩者的差別在受苦的程度：同情心只是「我爲你的痛苦感到痛苦」（I suffer for you），同理心則是「我和你一起痛苦」（I suffer with you）。現在的年輕人大學畢業後連一年的兵役都嘰嘰歪歪，想盡辦法逃避兵役或服替代役，接著就努力去找有冷氣跟地毯的公司拿50K高薪，或靠父兄特權進入大公司，未來好坐上經理級高位……這些人怎麼可能有人格魅力？他們當有錢人沒問題，但是要當領導人治國，就成了土包子！這些土包子並沒有能力在上面呼籲「我們一起奮鬥」，讓底下大家一呼百應；土包子在上面大聲疾呼，叫「你們」奮鬥，而

「你們」在底下只想要呼呼大睡或打撲克牌，因為他沒有權力的知識與信仰！所以我一直想傳達的一個信仰，就是Power的信仰！

未必人人都會當上國家領導人，可是人人都不能當政治上的土包子！對Power的信仰和求取政治知識的渴望，使我們的生命更充滿Power，使我們有機會得到具有同樣Power的人作為門當戶對的朋友或合夥人，如同有Power的國家才有資格透過衝突、競爭與征服去和其他國家結盟，建立妥協、合作與共識的外交關係。

有鬥爭的Power，才有和平的可能

沒有Power的人（或國家）最喜歡的口號是：「我們要爭取朋友的同情……」從政治知識的角度看，這根本是可憐蟲的喃喃自語，除了沒有用處，還會遭人鄙視。同情無法發展出友情與合夥關係，只有具備鬥爭的能力，才有合作的資格。訊息很簡單：**你選擇兩敗俱傷，還是合夥雙贏**？你慢慢考慮，

我不用催促，相信對方很快就選擇合夥雙贏了。告訴你，這種知識就是政治知識，不知道的或不相信的，就是土包子。

現在很多政治人物一談到兩岸問題，最喜歡說的就是簽訂和平協定，這是典型的土包子反應。以色列在一九四七年建國，阿拉伯國家在一九四八年、一九五六年、一九六六年、一九七三年，分別發動了四次戰爭企圖消滅它，結果以色列四次抵抗成功。一九八一年，以阿雙方終於在美國總統卡特的見證下，簽訂大衛營和平協定，承諾雙方不再以武力解決爭端。

和平協定的前提是：**你如果不跟我簽，我很麻煩，你也很麻煩，所以與其共同毀滅，不如共同生存**！這才叫和平條約。和平條約絕對不是對方隨時可以把我們消滅掉，所以我們才簽和平條約，那叫投降條約！然而直到今天，幾乎所有的政治人物一到選舉的時候，還是這麼土包子！然後一個大土包子對著一群小土包子演講，小土包子聽了大喊凍蒜凍蒜。其他先進國家、有力量的國家在旁邊冷眼看著，就是一群土包子在選舉。小土包子選一個大土包子，大土包子治國之後就變成 Republic of 土包子，變成土包子共和國！這就是我們國家的現況。

當然，這不是唱衰，唱衰沒有意義。我們一定要學會的是，在一個不平順的狀況下，千萬不要抱怨，而是要解釋這個現象！這幾十年來，國家的物價漲了多少倍？房價漲了多少倍？但我們的收入還是一樣！在外交上，我們的國際地位也仍然搖搖欲墜。你說，這還不足以讓我們警醒嗎？

選我當總統，
GDP成長87倍！
大家說好不好啊！
××候選人
領導人都是政治土包子，
結果台灣就變成
Republic of 土包子！

特別企畫

Power 點點名 Q&A

他走了，也帶不走你的天堂

Q：我最近與交往三年多的男友分手了，真的很難過、很想念他，也很放不下，想問教授有沒有什麼方法，可以在最短的時間跳脫這些情緒？

A：這個問題很嚴重，妳跟他之間，有一點我很肯定，就是妳一定很喜歡他！如果不喜歡，是撐不了一千天的，連一天都已經很不得了了。可是，既然這麼喜歡，爲什麼會分手呢？我現在以一個人與人之間相處的原理，來解釋這種情形，也不必知道在一起的細節狀況，因爲人與人之間一旦有來往，就會涉及我的專業領域，也就是政治。

感情關係，講白一點，就是我給你、你給我，這就是交往。如果我送你一件禮物，你並不一定要回送給我，但是如果你給了我一個收到後很喜悅的表情，並且說你好喜歡啊！那我就很高興了。爲什麼呢？因爲你喜歡，你的喜歡也讓我的內心跟著快樂。但是如果我送你禮物，你的回應是眉頭一皺，那麼，就算你也回送我一件禮物，我依然是不會開心的，因爲你並不開心。

所以，其實談戀愛就是一種給予和拿取的關係，英文叫 give and take。爲什麼在給予和拿取的過程中，關係會垮呢？通常是因爲一個很重要的關鍵，就是**給予和拿取之間出現了不平衡**。也就是說，我覺得你占了我便宜，我一直給你，但你給我這麼少，在這種狀況之下，一個人不滿的情緒就會開始在內心累積。當我們還有愛的時候，就不會想去計較，也還可以忍受那些小問題。如同父母對自己的小孩一般，即使小孩長得不好看或不健康，可是父母看來就是寶貝，這些都是可以容忍下來的。

回到人與人之間的愛情，也是這樣。沒有人是完美的，就算是湯姆・克魯斯跟妮可・基嫚這些巨星，也一定有各自的問題。所以，我們必須要清楚知道，愛就是能夠在知道彼此不完美的前提之下，互相包容，並且做到最重要的一件事，就是 give and take，我給你、你給我，要非常注意，努力維持這個平衡。

男女之間，雙方都是有主體性的，每個人都有權利做出自己的判斷。當一個人判斷自己這三年來都吃了虧，或者另一個人也覺得這三年來都是自己在吃虧，問題往往就是出在這裡。

假定他要離開妳，而妳檢視了過去，發現這三年來，妳給他的比他給妳的還多，妳就會覺得他是個王八蛋。我們可以用一個量化的標準，例如金錢來衡量，雖然這個比喻有點傷感情，但是現實如此。假設這三年來妳總共給他一千元，他才給妳兩百元，而他今天之所以變心，是因為有另外一個人要給他三千元，那麼，這個人顯然就有問題。所以當他離開了，妳反而應該放鞭炮，就像送走衰神一樣。妳想想，這三年來，他給妳兩百元，妳給他一千元，結果最後卻是他背叛妳，而且因為別人的三千元，嫌棄妳的一千元不夠多，那妳當然就該把這段感情收起來，再重新找一個講義氣、重感情的人。

反過來說，當妳發現這三年來他的「感覺」是給妳一千元，而妳才給他兩百元，而且他認爲妳給得很吝嗇，妳其實有能力可以給他五百、六百、七百，但卻好像認爲他給什麼都是應該的，自己的部分，則是高興時給他一點點就不錯了，那妳就要檢討自己。我甚至可以說，如果是這樣的原因讓關係垮了，那下次還會再垮！千萬不要欺負一個人，更何況是妳的伴侶。

每人內心都有一個秤，都在衡量對方對自己好不好。所以**妳可以從這個角度來檢視關係，去檢討當時的「平衡」有沒有維持住**。如果眞的是對方辜負妳，那太好了，還好只吃虧三年！否則接下來可能要吃虧三十年，那是一輩子啊！反過來說，如果眞是妳欠他，人要有道歉的勇氣，跟對方說妳想通了，不好意思，請他再給一次機會。即使無法復合，也是好聚好散。我有一個學生就是如此，他交了一個女朋友，那個女孩也很好，但是她的弟弟有精神方面的疾病，結果男方父母竟然說，哎呀，女孩的家裡可能基因、腦袋有問題，就硬逼兒子不要跟對方來往。我那學生想一想，也覺得有這個可能，何況又是爸媽的意思，好像有點道理，結果他眞的跟女方分手了。我覺得這非常無情無義，人家對你那麼好，就算弟弟生病，也是很無辜的呀！他居然就要女方離開，他們當時都已經住在一起了，等於把她趕走。過了一年以後，他才覺得不對勁，開始後悔了，就想辦法回頭去找前女友。那個女孩也眞的人不錯，只是保留地說再看看、隨緣啦！

後來我那學生跑來詢問我的意見，我很嚴肅地對他說，他錯得非常離譜，叫他一定要用任何方法挽回！但我也告訴他，如果人家已經找到一個比你更好的，就算了吧。如果沒找到，你當然要把她追回來！

所以，再回到原來的問題，活著，就是要有這種氣魄才會快樂。妳問這樣公平嗎？人跟人之間不可能平等，就像高矮胖瘦，都是不平等，但是平等跟公平其實是不一樣的。妳的失戀問題沒有那麼嚴重，雖然會難過，但是等妳心情平復之後，好好靜下心來想想：這三年來，是妳欠他，還是他欠妳？

不過，像這種漂亮的女生也要小心，很可能是欠他！爲什麼呢？因爲帥哥美女常常犯了我剛才提到的毛病，認爲對方愛我是當然的。只要我笑一笑，對方就已經很開心啦，還想怎麼樣？這態度當然不對，無論是誰，在關係裡，都要賣力地爲對方做很多事情，讓對方感受到妳有「給予」，這是最基本的。

相處容易相愛難！

Q：老師，我覺得相愛容易相處難，要怎麼解決這個問題？

A：我的年紀比較大，經驗、感想可能多一點。我認爲，其實相愛比較難，相處比較容易。爲什麼呢？因爲每個人都是獨立的生命個體，不要說陌生人，就連兄弟姊妹父母，彼此都不一樣，每個人都有自己的個性、思考方式和個人需求，所以基本上，人跟人相處本來就不是易事。但是爲什麼有人能夠水乳交融地相處？我覺得有一個很重要的前提，這個前提就是愛。當父母愛子女，那麼子女的個性再怪、長相再怎麼不好看、擁有再多的缺陷，父母跟孩子仍能水乳交融地將對方納入自己的生活之中，爲什麼？因爲有愛。愛的前提是，它可以包容任何東西。說到這裡，我反而要問問那些認爲「相愛容易相處難」的人，他們眼中的愛是什麼。因爲，在我看來，**當我們說這句話的時候，其實該懷疑的是：真的這麼愛嗎**？

再回到前一個問題。什麼叫愛呢？這在政治學裡非常重要。人類之所以跟一般動物有所區隔，成爲所謂的萬物之靈，到底跟動物有何不同？動物會餓，人也會餓；動物會死，人也會死；動物交配，人也交配。那麼，我們跟牠們有什麼不一樣呢？不一樣的地方正在於，動物跟動物之間只有本能，沒有人類的複雜感情。人類除了「沒有你我就活不下去」的愛情之外，還有很多複雜的感情。

我們要如何檢驗兩個人到底是不是眞正相愛？該怎麼做？實在很難，難到即使一個人跟伴侶已經結婚十幾二十年了，兩人之間是否就有眞愛，也很難妄下定論。感覺這種東西很難說清楚，你沒有辦法說「愛」就等於什麼。可是很多時候，一旦失去了另一個人，他會突然發現「原來我是愛你的」，失去了對方之後，他簡直睡不著覺，日子也過不下去。這樣的愛，就是一種「我無法容忍失去你」的愛！如果從這個角度來看，我們跟父母之間就有愛，因爲當我們失去父母，我們會想念他們，清明節還會去掃墓追思，這就是愛。

一樣的道理，男女之間的愛，也要走到「沒有了你，活著也沒有什麼意思」的極端狀況，一發生什麼災難，兩個人寧可一起走，也不願獨活，才能叫眞愛，就像古今中外這些小說、戲劇一樣，可見眞正的愛有多難。所以當一個人年紀越大，越會感覺到，口頭說愛眞的很容易。我們可以把「我愛你」「你愛我」掛在嘴上，但是到底有沒有這麼愛？這是要檢驗才知道的。如果失去伴侶的反應多少可以檢驗愛的深淺，那麼一個人遭遇困難時，也可以藉此檢驗伴侶對自己的投入程度，看對方願意投入多少來幫忙，願不願意共同分攤困難，也就是同甘共苦，愛，是可以藉此檢驗的。

觀點自然是見仁見智，但我認爲眞有愛的話，相處不難。就算有一點難，也很容易可以溝通妥協的。例如你習慣十一點吃午餐，你的伴侶十二點吃午餐，那就可以約定十一點半吃午餐，這，就是一種妥協，其實沒有想像中那麼困難。美國開國元勳富蘭克林有句名言，他說：「哪裡有沒有愛情的婚姻，哪裡就有不結婚的愛情。」富蘭克林是幾百年前的古人了，但他當時就已經有如此領悟。人類史上有沒有眞愛？當然有，但是眞愛不容易，也因爲不容易，所以才會變成可歌可泣的故事，如果滿地都是，就像呼吸一樣，每個人都在呼吸，那能有什麼好成爲故事的呢？但是如果有人十分鐘才呼吸一次，那就很厲害了。

所以了，愛雖難得，但並非沒有，只是因爲難得，我們才容易對愛悲觀。現在年輕人常把愛掛在嘴上，但其實當街擁吻與眞愛無關，並不見得心中眞的有愛，愛，還是很難的。

總結一下我的看法，我認爲相愛很難，相處反而容易。當初兩個人墜入愛河的時候，本來心裡就各自懷有自己所期望的理想形象，一旦對方跟理想形象不完全一致，甚至相差太遠，自然也就愛不起來。但若對方比較接近自己內心設定的形象，我們就可能選擇去愛。然而此時的愛，畢竟跟我們內心勾勒的樣貌仍然多少有差距，因爲那是我們心中的標準，而這個標準當然有時是抽象的，在這個世界上，永遠不可能出現一個跟我們心中所設定的形象百分之百完全 match 的對象。

所以我們可以把愛分成兩種階段來看：第一階段是剛在一起時的感覺不錯，所以就交往。接下來，還有第二階段。因爲這時的愛其實還有很大的改進空間，或者說，它有一個不完美的缺口，這個缺口仍然需要日後的磨合來慢慢彌補，就像是一顆愛心缺了一個口，我們不能說這就是全部了，現在就開始一起享受愛吧！不是這麼簡單的。**愛的缺口必須努力去彌補，甚至我們要有永遠都達不到完美的心理準備，並且體認到，那是一個會讓你永遠想去爭取的理想境界**。一旦你覺得似乎已經達到完美了，就開始自滿，愛心就會開始腐爛，這是不行的。我們要讓這個愛心繼續成長、繼續擴大。

很多人只停留在追求第一個階段那種愛情，甚至以爲那就是完整的愛了，其實只是自己騙自己。有了第一階段的愛情，還要第二階段的努力，才能讓它更完美。所以從這個觀點來看，我認爲，那些對伴侶有一大堆抱怨的人，只有兩個可能：第一個可能是，他們當初對彼此的愛並沒有那麼多，只有一點點而已，那個愛心很小，只是他們以爲這就是愛。第二個可能是，兩個人當初其實眞的是很愛很愛，那個不完美缺口已經彌補到只剩下一點點裂縫，但就差這麼一點點，他們卻讓它永遠都缺一角，沒有把它補上，這就很可惜了。

說回對「愛」的態度，如果今天只求對方提供戀愛的快樂，一味要求別人，自己卻完全不想要妥協或讓步，那麼，這樣的戀愛態度就是不對的。人最怕的，就是只站在自己的觀點，不替對方著想。舉例來說，假設我愛上一位離過婚的女性，想跟她結婚，但她有小孩，我能說：「我只要妳，不要妳的小孩嗎？」不行嘛。愛，就是接受對方的一切。再說到結婚，有些男生可能跟很多女生交往過，最後卻希望跟自己結婚的女方完全沒有性經驗，這就是神經病嘛，人家也可以反問：「那你自己是處男嗎？」你沒有「妥協」，哪來的「合作」？又如何「共度困難」呢？共度困難的時候，人難免會嘰嘰歪歪，抱怨說：「怎麼又來了，老是要我做我不愛做的事。」但只要有愛，就還是會去做啊。久而久之，兩人關係會變成「你的事就是我的事」，死心塌地，這就是愛。

長輩愛情觀，令人傻眼嗎?!

Q：老一輩的戀愛觀常常會讓人翻白眼，請問老師的看法？

A：老一輩的人跟現在的年輕人有個很大的差別。文天祥講過一句話，他說，什麼叫做命呢？「命者，天之令也。」意思是老天爺要我們幹嘛，我們就幹嘛。老一輩的夫妻之所以在一起，憑的是媒妁之言，憑的是長官或鄰居介紹，甚至於憑著走在路上跌一跤，有人把我扶起來，抬眼一看是個女生，啊！這就是天命！這就是老天爺給我的命令，我要跟她在一起。我們都知道這不科學，人是獨立自主的生命個體，但過去就是用這種錯誤的心態來面對自己的命運，說是老天爺給我的旨意，所以老一輩的人就活在一種矛盾的心情裡，他們認爲，娶誰嫁誰都是天注定，沒辦法反抗，可是偏偏內心卻有另一個不甘願的自己，也就是眞正的自己。在這個矛盾之中，人能夠給自己的說法就是在一起不是因爲愛，而是因爲天命，在天命裡面，無論你擁有的一切有多麼糟糕，都要想盡辦法去修補。爲什麼？因爲如果不修補，就是不要這個命了嘛！在宿命論的大前提之下，無論遇見什麼，人都只能調適。

不過那個年代已經過去了，如今男女離婚盛行的年齡很有趣，多半不是在二十幾歲的區間，而開始流行在五六十歲的夫妻間。對他們來說，這是終於想通的結果，終於知道自己並不想跟另一半在一起到人生的最後，這也是社會進步所帶來的覺醒。假如萬一，你們的父母突然發現彼此不適合，決定要離婚，做孩子的可不要七嘴八舌，因爲子女之所以阻止父母離婚，通常只是怕麻煩，覺得父母離婚後，自己還要兩邊跑，甚至還要跟爸爸的新老婆或媽媽的新老公相處，這些都很麻煩，所以才極力勸父母不要離婚。碰到這種狀況時，我只有一點建議，就是一笑置之，父母歡喜就好，畢竟即使父母離了婚，還是你的父母啊！只要用這種態度來面對父母的決定，他們就會很快樂。否則如果孩子硬要介入的話，快樂的是自己，但卻會讓父母雙方都很痛苦，因爲他們這一生所擁有的成就之一，就是養大了孩子，孩子若還要干涉他們的愛，未免太不爲人著想。

有個學生結婚三年之後，就動了離婚的念頭。我對他說：你要想想，**你用一千天陪伴對方，對方也用了一千天陪伴你，這其實是個很寶貴的資產**。善用、活化這份資產，不要動不動就想放棄資產、重新開始。不騙人，愛情沒有這麼簡單，人人都說相愛容易，可見人人認爲「愛」上一個人是沒問題的，只是相處有問題。但是，其實相處才是可以說服溝通的，而溝通最好的方法是科學跟理性。譬如說，你的另一半不吃早餐，但你卻認爲早餐非吃不可，有時，這類歧異科學就可以解決。科學告訴你，一天工作開始需要多少精力，一早就不吃，整個早上都在消耗備用的肌肉能量。備用的能量不可以隨便胡亂使用，因爲這跟外匯存底一樣，耗光了就不容易再補回來，我們常說「有則用，無則藏」，好不容易儲存起來的東西不要隨便掏出來，不吃早餐是非常危險的。把這些道理苦口婆心地和另一半講，再不行，就動之以情嘛，時間久了，多少就願意吃一點早餐。雖然這只是個很片面的例子，但是所謂生活，說到底，大概都是這些細節，不是柴米油鹽，就是食衣住行。我可以告訴大家，在愛的框架之下，很多事都可以解決，而且都不難。

錕P之新不了情

Q：請問老師，直至今日，最令你難過的一件事是什麼？而最令你感到幸福的一件事又是什麼？

A：人是回憶的動物，我現在年紀大了，才發現回憶是很奧妙的東西。好比說，有個國中生，他回憶起自己十幾年來自己最痛苦的事，就是弄丟了爸媽給他的一枝很漂亮的筆，而他最快樂的回憶，可能是爸媽帶他去美國大峽谷旅行。然而當這個小弟弟到了大學畢業時再回顧從前，他可能就會覺得掉一枝筆算什麼，大峽谷又有什麼了不起？你看，這是不是就變了？明明是同樣的事情，但看法就變了。關於這個問題，因爲我不是電影明星，大家應該對我沒太大興趣，所以我想為大家提供一個看事情的角度，一個切入事情的原理，而這個原理可以應用到每個人身上。也就是說，我們應該要知道的，是「如何」去回憶過往那些最快樂跟最痛苦的事，要用什麼樣的角度去回憶，這就是一種思辨的態度。

什麼樣的思辨？就是思考身而為人最重要的主體性。所謂主體性，就是用我主觀的生命本體，去觀看我過去生命的客觀活動，因為事實上，所有的痛苦和快樂都是活動，也就是你對這個活動所給予的解釋。所以，對一個國中生而言，掉一枝筆，對他來說，或許是世界上最大的災難，但是當他走到三十歲時，他可能因為做生意而虧掉了五百萬，到那時候，這就變成讓他最痛苦的事。一旦從這個觀點來看，我們會發現，人一生最快樂與最痛苦的事，其實一直都在變化。那麼，最重要的事情到底是什麼呢？最重要的就在於這個人本身有沒有進步。當某個人全部的財產只有一百萬，結果因為投資失利而虧掉八十萬，這當然是他這輩子最痛苦的事啊！可是如果這位老兄後來不斷不斷地進步，最後他的財產累積了一億，屆時再來回顧當年虧了八十萬的這件事，請問他會怎麼想呢？他可能會覺得太棒了！如果沒有虧這八十萬，自己可能就不會好好下苦功、可能就不會記取教訓，所以他一生最快樂的回憶竟然就變成虧掉這八十萬了！這樣的結論和先前完全截然不同。人就是這個樣子，同樣的一件事，因爲當事人主體的改變，對於事物的解釋也就不一樣了。當年他在一百萬裡虧了八十萬，當然心痛；但是當他賺的錢已經多達一億了，回頭看賠掉的八十萬，自然就是小 case。不過如果他現在又虧了八千萬，那代誌又大條了！

所以我們可以發現，對於過去的悲哀或快樂，我們應該要抓住一個重點，就是**要站在主控點，重點不在於那件事到底讓人有多快樂、多痛苦，而是在於你有沒有進步**。像前面的例子，八十萬就是已經虧了，要不回來了，如果你爲了它自殺而死，眞的划不來。你應該換個角度思考：我爲什麼會虧那八十萬？一旦開始朝這樣的方向去想，**創造力就會出現**。原因可能是你對於你所做的事情還了解得不夠徹底。也或許你其實投資了一項你並不了解的產品，箇中風險，你就該承擔嘛！現在既然木已成舟，如果你仍不甘心，依然對那份投資或產品有興趣，就不該繼續陷在痛苦的回憶，而是趕快去了解產品，徹底研究一番之後，東山再起！

生命往往如此，它就像一條拉不斷的橡皮筋，不管拉得再怎麼長，還是能讓你繼續拉，非常有韌性。就像電影、小說裡頭，主角往往有個恨之入骨的仇人，整得他很淒慘，但是當他再度爬起來後，就可以選擇報仇，或是已經不把仇人放在心上，選擇原諒，這格局就不一樣了。痛苦和幸福，其實可以用這樣的觀點來看，回憶就不會一輩子永遠不可磨滅。**如果一個人要時時刻刻為回憶感到悲傷或陶醉，其實都是一種很脆弱的狀態**，最後受到傷害的還是自己。即使是光榮的時光，也是一樣。當一個人一直沉醉在過去的榮光裡，還能夠增加他當下的「榮」嗎？不能！所以，最可怕的衰老，指的並不是身體上的老化，而是指「沒有進步」的狀態。當一個人放任自己漸漸衰退，就會時常翻看過去的相簿，回味當年的事蹟。現在科技更加進步了，所以我們常常看到老人家在滑手機，都在滑什麼？都是在看過去的活動，都是沉醉在過去裡，這樣是很浪費人生的，因爲我們還有現在啊！一天有二十四小時，一個月有三十天，現在醫學發達，還能活得更好更久，哪有那麼慘呢？然而，很遺憾的，大多數人都成爲「回憶的俘虜」，被它牢牢抓住而無力掙扎。再舉一個例子，假如一個男生交了五個女朋友都是悲劇收場，那現在交了第六個了，結局還是會像之前一樣糟嗎？假設結局眞的很糟，那問題來了，他自己的個性是不是很糟呢？是不是具有容易吸引爛桃花的人格特質呢？是不是該檢討呢？

總而言之，當我們在面對回憶時，要時時刻刻記得，千萬要抓住自己的主體性，再去面對客體。如此一來，你就會發現，隨著自身 Power 的增長，就會對這些回憶產生不同的詮釋。

老師，教育真的對我有幫助嗎？

Q：老師，我常常覺得生活很累，與人起衝突也很累，請問要如何面對？教育能幫我什麼呢？

A：你的心情我懂，人難免會這樣想，因爲謀生不易嘛！但是從別的角度來談的話，我不但要教你怎麼做，我還要教你怎麼想。**為什麼你有這個想法？因為教育失敗！**假設今天我讓我的女兒一窮就想到當妓女，這怎麼能怪我女兒？這要怪我當初的教育方式，怎麼會教得她一窮就想到晚上去兼差？這是她不對，還是我不對啊？因爲我從小沒有教她「做什麼事都要付出代價」，原本給她零用錢五百元，但如果她今天要五千元，可以啊！幫家裡拖地、洗地板，我應該要這樣教養她，讓她從小就知道從五百元變五千元要付出什麼代價，不要想到不勞而獲，這就是教育！看看歐巴馬的小孩，什麼都會，即使歐巴馬當參議員，他的小孩也是一樣洗地板、剪花剪草。英文常說：「自己去賺。（**Earn it!**）」，但臺灣家長只告訴你什麼不能做，卻沒有教你怎麼想。

很多事情，人們都會有既定的想法，爲什麼會這樣想？因爲別人教我的。教育其實沒有辦法規範我們怎麼做，但卻能夠告訴我們怎麼思考，當我們有了初步的想法，自然會有下一步行動。而我現在要告訴你的，就是思考的原則。

一個年輕漂亮的女生要拿到很多的零用錢，她永遠有很多方法。最快的方法：陪人家睡覺，人家一個月就給十萬塊包養。但那不是唯一的方式。她有沒有想過這種包養可以持續多久？一個月包十萬，到了第二個月，對方碰到一個更漂亮的，他會不會改包別人？假如我長得很漂亮，我去拿博士學位，當教授，我的天啊！那不是臺大轟動，是國際轟動！有位教授長得很漂亮，又是博士學位，外表這麼優，有世界小姐的美，有愛因斯坦的頭腦，追求者不會只有臺灣，而是國際啊！這就是另外一條出路。這樣下來，一個月沒有十萬塊嗎？

不但一個月有十萬塊，而且可以領到死還是有十萬塊，這就是選擇。

人需要多一點選擇，教育就是給人「alternative」（可供選擇的），**我們也要給自己多一點選項，不要只有一個，否則遇到挫折只剩一個選項：跳樓**。這就是教育能給我們的，讓我們知道該怎麼「想」，接下來，就知道如何行動，如何面對。

領袖都是詐騙集團

Q：現在臺灣常常出現選出的領袖和民意脫節的問題，該怎麼辦？

A：能夠成爲領袖，一定是民意肯定的嗎？先把問題拉回到前面，我們就會發現，今天的領袖並不能反映民意。換句話說，是騙子當領袖！結果等到當選之後才敢講眞話，選民也才發現，此人表現跟以前完全不一樣。所以領袖之所以取得領袖的地位，是詐騙來的，你知道嗎？騙很大！因爲領袖都不講眞話嘛！

川普選前說要蓋美墨長城，等到他選完了以後，又說基於跟墨西哥的友誼，此計畫暫緩，那他就是騙子啊！可是現在並非如此，現在是川普說要蓋萬里長城，而且是眞的要蓋，結果民眾反彈，叫川普下臺。爲什麼？這是選民變了，不是川普變了。但在一般情況下，當領袖的意思跟民意相反，很簡單，就是當初領袖先配合民意而已，這顯然是欺騙。領袖取得地位的手法很重要，不能用騙的，不然就不是領袖。

舉個例子：一對夫妻準備結婚，女方老家在新竹，男方老家在臺北，雙方協議搬到桃園，爲什麼？女方回娘家很近，男方回夫家也很近。結果呢？結婚以後，男方不但住到臺北，還住到基隆去，挫屎！這就騙很大了，那麼兩人當然會翻臉！我們常常說，談戀愛是先把對方騙到手，接下來就要想第二步，如何能夠維持得下去，這才是我們要思考的。如果你騙到手後維持不下去，那就最好不要騙，爲什麼？因爲遲早會穿幫！今天有人明明知道自己不是這塊料，卻還是要當領袖，那麼即使讓他坐上這個位置，他做得下去嗎？如果是我，我做不下去！凡事要想到第二步，現在給了這些承諾，我以後做得到還是做不到呢？

有的領袖可能選前以爲自己做得到，上臺之後才發現做不到。那麼，就愼重下臺吧！沒有人會怪他，像大巨蛋和五大弊案不就是如此？不要硬拗，硬拗很累，最後還是會穿幫。我曾經和學生說：「臺大校長的狀況再持續下去，會比你們還要先放暑假！」結果至今臺大校長還不肯下臺。身爲校長，被抄襲論文的弊案牽連，又身爲論文的共同作者，再怎麼推託都說不過去，誰叫校長當初選他一起發表論文呢？就像如果我太太在百貨公司偷東西，我被警察通知後卻說，我太太跟我完全沒關係，行得通嗎？太太跟我是一體的啊。太太在百貨公司偷一個皮包，即使我眞的不知道，她事先也沒告訴我，我能怎麼辦呢？我只能怪自己當初怎麼會娶到這樣的老婆，但我不能說老婆跟我無關，人就是要有這個氣度。誰叫你娶她？誰叫你當初選他一起發表論文？連負責的勇氣都沒有，光是給出一大堆藉口，這是不行的。你們要養成一個習慣，就像前面講到的，凡事要 explain，不要 complain，沒有什麼公不公平。今天我娶她，她偷東西，我就是會受牽連。你如果愛她，你娶她當老婆，做什麼事你都要想到你老婆，沒有錯吧？如果沒有這個勇氣，這種人還當了領袖，底下的人當然就偷雞摸狗，投機取巧。

選舉都是爛蘋果，怎麼選？

Q：請問老師，每到選舉期間，大家都說要參與投票才是關心臺灣，但感覺總是在選爛蘋果，實在讓人投不下去，我們該怎麼辦？

A：我們都是單獨的個體，周遭是朋友、鄰人，再往外是朋友的朋友，所謂社會就像一個往外擴張的同心圓。我們在圓心，對於環繞自己的圓周，也就是整個大環境，關心是難免的，因爲很容易就看得到。可是我們眞正能做的，還是回到原先踏出第一步的地方，分析選舉或講大道理，對事情都沒有幫助。

我們踏出去的第一步，不是從爛蘋果裡面選一個好蘋果，而是先顧好自己。

如果我們要求每一顆都得是好蘋果，然後再從中選出一個最好的蘋果，在現實來看實在太過苛求。即使覺得某一顆蘋果不錯，那也是因爲我們有近視眼，稍微放大一點去看，就會受不了，沒有一個蘋果經得起放大檢視。就像把孔子拿來檢驗，一定也是一堆問題。

我們應該想的是，自己和周圍的人比起來，是否就是那顆爛蘋果？

如果比起周圍的人，自己是顆好蘋果，那就可以進入下一層的檢驗，跟更好的人再比一比，接著，也許我們就會發現自己沒那麼好。所以了，我們的敵人不是那些爛蘋果，眞正的敵人是身旁的人，我們要先比過他們再說，重要的是看自己有沒有一股「我就是要比別人好」的志氣。現在多數年輕人的問題就在這裡，不先想想自己，反而先擔憂臺灣未來該怎麼辦。我認爲年輕人先無須煩惱這些，這些事就讓老人家去煩惱，年輕人先回答出自己的未來要怎麼辦，比較實際。再說，雖然我們知道候選人有問題，但候選人爲什麼有問題並不是關鍵，因爲選民本身就有問題。一堆爛蘋果去選爛蘋果，當然得不到好結果。所以，無論環境再差，還是要忍氣吞聲先問自己：「今天開始，我要做什麼？」我覺得這才是最實在，也是最有意義的提問。

老師，我想成為我自己！

Q：我們要如何做自己？

A：我小時候讀中和國小，是家附近唯一的國小。當時，我很容易就考上第一名，既然很容易考第一名，就不太念書。我是單親家庭，從小被阿公阿嬤撫養長大，我媽媽有時會回來探望我，她回來的時候，我都在玩，沒在念書。我媽看了就很煩惱地說：「你怎麼都不用功？」我說我已經是第一名，難道還需要繼續念嗎？當時我媽講了一句話，讓我印象很深。她說：「你會完蛋，你這就叫做鄉下皇帝，如果在西門、龍山或大安國小，你就死定了。」後來我很僥倖地吊車尾，考上建國中學國中部，在班上才發現處處臥虎藏龍，第一學期差點被當掉，不同學校的差別就在這裡，印證了我媽的話。鬥爭的現象，全世界都會有，但是在臺灣，人很容易被慣壞，造成一群標準很低、很容易感到滿足的人，時常在抱怨，最後社會就像一鍋永遠燒不開的水，始終都是溫水，而非開水，永遠燒不起來。但是唯有擁有熱情跟憤怒的民眾，才會產生勇敢與魄力兼具的領袖。中國歷史上像樣的皇帝不到十個，但幾千年來人民造反的次數也沒有幾次，不覺得中國人民好乖嗎？換成西方，皇帝不可能當得那麼安穩。

在家庭裡也是，**父母為什麼把孩子管得那麼緊**？因爲他們把孩子變成了自己的獵物。**爸媽把孩子當成獵物之後，獵物的命運只有兩種：一種變食物，另一種變寵物**。孩子最後變成了父母的寵物，這是不該發生的。所謂生命，在於當父母生下小孩，小孩即爲一個獨立的個體。一開始，是因爲小孩沒有能力在環境裡存活下來，所以要靠父母養育，一旦成長到某個程度，小孩就是一個獨立的生命，而不是父母的獵物。我們必須要有這樣的觀念，要開始學著對自己負責。當孩子試著走出自己的這一步，心中要體諒父母的愛，但也要拒絕父母的干涉。只要能走出這第一步，就是長大了，也才能做自己。

要怎麼面對到中國工作的誘惑和陷阱？

Q：中國開了很多優惠的條件吸引臺灣年輕人過去工作，老師怎麼看？

A：很簡單，今天中國吸引臺灣年輕人去工作，絕對不是中國人民引誘你，是中國的統治階級、公司高層來引誘你。不可能是湖南省政府請你去當鄉長、市長，沒有一個中國人民會這樣做，一定是中國政府邀請臺灣人去，開出五年之後當市長的條件嘛！回到這一點來看，臺灣政府就變成了獵物，對不對？假設我的女兒長得如花似玉，隔壁鄰居來引誘，一直對她說：「當風塵女郎，就可以擁有高收入！」結果我勸她勸不聽，她去了，能怪她嗎？怪我管教無方啊！不能怪對方，都要怪我！就像政府沒有辦法讓人民覺得國家把我當自己的孩子，再苦，都要為我們這個家撐下去！

不僅如此，政府的作為還正好相反：就算你是我的小孩，對不起，自求多福，有空回來！是不是這樣？此時再看看基督教國家，他們不畏衝突，這一點是我們無法理解的。基督教國家那種鍥而不捨的態度，其實就是侵略者的精神，是贏家的精神！像我們這樣一直逃，就輸了。看看《聖經》多偉大？《聖經》路加福音裡說，主原本有一百隻羊，但是丟失了一隻，即使還有九十九隻，祂仍然忍不住立刻去找那隻羊，最後把牠給找到了，找回來的喜悅，比起其他九十九隻羊還在的喜悅，都要來得大。

所謂的愛，就是你們都是我的小孩，我一個都不能放棄！我每個都要！如果統治者有這種心情，怎麼會讓年輕人被引誘？我們一點都不懂年輕人的心情，一點都不去動腦筋，不願意去想想我的小孩到底是怎麼離開的。他們為什麼不離開呢？假如我身為父母，把孩子養大了，但他出去時卻連一件像樣的衣服都沒有，即使已經二十歲了，到了週末人家約他出去，他卻連最低消費都無法負擔！然後等到某一天，孩子被不良少年或幫派引誘了，我才大罵治安怎麼這麼差！這是什麼父母？一個人生了孩子，就是要想到孩子會長大，會從一歲長到兩歲、長到二十歲嘛！到了二十歲，孩子就該被教育成已經能夠爲自己賺錢謀生了，給孩子受教育，訓練他們擁有一技之長，如果孩子能在自己的土地上安身立命，又怎麼會一直往外跑？

我們不要怨別人，要怨自己！如今的執政黨政府，讓自己的孩子被這樣引誘，或說被其他國家欺負，難道都沒責任嗎？

年輕人真的不上進嗎？

Q：大學教育的意義是什麼？

A：假如國家是個三角形，組成的比例絕不能頭重腳輕，不可能每個人都是菁英分子。越是上層的人，愛越要擴大，眞正的菁英分子是大愛之人，要有捨己爲人的精神。大學在培養什麼？在培養能捨己爲人、有大愛、有熱情的菁英分子。社會大眾常有個誤解，認爲當領袖人人稱讚愛戴，收入高、又有特權。但這是不對的，因爲**當社會給了領袖必要的方便跟尊重，另一方面就是問領袖對國家有多少奉獻，付出多少代價**。

在美國，每次戰爭一來，哈佛大學學生都自願去參戰。美國軍人的最高榮譽便是拿到國會勳章，據統計，得到勳章的前三名是陸海空三軍，第四名竟然是哈佛大學學生。很少人知道，哈佛大學校友因爲戰功而拿到的國會勳章數量，竟然僅次於職業軍人。爲什麼哈佛大學被認爲是最好的大學？不是學識等專業領域，而是因爲它的犧牲最大，愛心最強。他們把學生教育成犧牲奉獻不是爲了親人，而是爲了國家社會；不是只愛自己，還有大愛。這才是大學教育最重要的一環。

Q：很多大學生對學習感到迷惘，甚至對未來也感到迷惘。關於這點，老師有什麼看法？

A：當長輩的，如果沒有帶給下一代希望，就是長輩需要檢討的地方。年輕人是無辜的，他們愛作夢，長輩就要給他們作夢的可能性。年輕人有能力作夢，但是沒有能力建構夢想。政府應該要能夠給年輕人夢想、給中年人保障、給老年人回憶。統治者如果做不到這些，就應該要下臺。

年輕人不懶惰，他們精力非常旺盛，但爲什麼他們沒有把精力放在目標上？因爲我們沒有好好指導。當你希望他去做某件事，他不做，是因爲你教導無方。舉個例子，如果長輩希望年輕人多鍛鍊身體、拿書卷獎，但長輩都在旁邊偷懶，請問年輕人爲什麼要努力？我一輩子都在跟年輕人相處，我必須很慚愧地說，年輕人都是我們帶壞的。我們沒有以身作則，怎麼能讓人信服？

Q：老師認為現在的學生有哪些優勢？又有怎樣的劣勢？

A：現在的學生優勢在於有更多的管道獲得更多知識，過去可能要花上十年才能知道的事情，如今可能只花一年就能領悟。現代的年輕人很幸運，活在一個資訊爆炸、人跟人容易溝通的時代。但相對的，他們的劣勢則在於長輩沒有以身作則，帶他們往前走。不過，幸好我們如今處於民主時代，如果覺得政治人物無法給年輕人夢想，那就用選票把他們轟下臺。柏拉圖有句名言，就是**放棄參與政治的人，就必須接受讓壞人統治的懲罰**。如果年輕人對政治冷淡，不去選擇自己的命運，就會造成自身的劣勢，當然國家如此沉淪，不能全怪年輕人。但我還是鼓勵年輕人勇於選擇，做自己的決定。

請各位投給我一票！
POWER失敗為成功之母，錕就是這樣煉成的。

國家圖書館出版品預行編目資料

Power 錕的大人學：不吃苦，哪來實力！臺大最狂教授的14堂叢林生存課
／李錫錕 作. -- 初版. -- 臺北市：圓神，2017.08
224面；14.8×20.8公分. --（圓神文叢；218）
ISBN 978-986-133-626-8（平裝）
1.言論集

078　　106010309

Eurasian Publishing Group
圓神出版事業機構
用心與你對話・視野無限寬廣
圓神出版社
Eurasian Press

www.booklife.com.tw　reader@mail.eurasian.com.tw

圓神文叢 218

Power 錕的大人學

不吃苦，哪來實力！臺大最狂教授的14堂叢林生存課

作　　者／李錫錕
發 行 人／簡志忠
出 版 者／圓神出版社有限公司
地　　址／台北市南京東路四段50號6樓之1
電　　話／（02）2579-6600・2579-8800・2570-3939
傳　　真／（02）2579-0338・2577-3220・2570-3636
總 編 輯／陳秋月
主　　編／吳靜怡
專案企畫／賴真真
責任編輯／吳靜怡・賴逸娟
校　　對／吳靜怡・賴逸娟・周奕君
美術編輯／林雅錚
行銷企畫／陳姵蒨・詹怡慧・張鳳儀
印務統籌／劉鳳剛・高榮祥
監　　印／高榮祥
排　　版／陳采淇
經 銷 商／叩應股份有限公司
郵撥帳號／18707239
法律顧問／圓神出版事業機構法律顧問　蕭雄淋律師
印　　刷／祥峰印刷廠
2017年8月 初版
2018年3月 29刷

定價 280 元　ISBN 978-986-133-626-8